Rupert Lay
Kommunikation für Manager

Rupert Lay

Kommunikation für Manager

ECON Verlag
Düsseldorf · Wien · New York

CIP-Titelaufnahme der Deutschen Bibliothek

Lay, Rupert:
Kommunikation für Manager / Rupert Lay. − Düsseldorf; Wien;
New York: ECON Verl., 1989
ISBN 3-430-15917-2

Lektorat: Ulrike Preußiger-Meiser
Gesetzt aus der Times, Linotype
Satz: ICS Communikations-Service GmbH, Bergisch Gladbach
Papier: Papierfabrik Schleipen GmbH, Bad Dürkheim
Druck und Bindearbeiten: Franz Spiegel Buch GmbH, Ulm-Jungingen
Printed in Germany
ISBN 3-430-15917-2

Inhalt

Vorwort

Wir leben in einer Zeit unverantworteten Geschwätzes. Die Reden der Politiker, die Predigten vieler Pfarrer, die Kommentare der Zeitungen, die Beiträge in Konferenzen und Sitzungen, die Monologe mancher Vorstände geben beredtes Zeugnis von der Stimmigkeit dieser These. Aristoteles war der Meinung, der redliche Mensch unterscheide sich vom unredlichen darin, daß der redliche sagen könne, worüber er redet. Ich begegnete bislang noch kaum einem Politiker, Pfarrer, Redakteur oder Manager, der in der Lage war, auch nur die Bedeutungen der zentralen Worte seines Geredes wirklich anzugeben. Die Frage, was denn zentrale Wertbegriffe wie »Freiheit«, »Gerechtigkeit«, »Friede«, »Leistungsprinzip«, »Arbeit«, »Solidarität«, »Erlösung«, »Würde« und »Umwelt« bedeuten, erzeugte bestenfalls Verwirrung, oft auch nur ein eher hilf- und haltloses Gestammel. Dieses Buch möchte helfen, diesen traurigen Zustand wenigstens da zu beenden, wo von der Sache her rational geleitete Kommunikation eingefordert ist. Dabei könnte man sich durchaus die zutreffende Kritik Winfried M. Bauers (1985) zu eigen machen:

»Die großartigen und teuren sogenannten Manager-Schulen, alle die vielen weisen Lehrsätze und Bücher über Management und Unternehmensführung sind im Grunde genommen einfältige Versuche, am »Mensch-Manager« etwas ändern zu wollen, was nicht veränderbar ist: die Natur des Menschen. Mit viel Werbung, mit immensem Aufwand an Nachdenken wird den Managern eine Bühne vorgegaukelt, auf der man im Geschwindschritt ein paar Zauberformeln lernen kann, mit denen sie sich und ihr Wirken im

Unternehmen verändern können. Der Manager wäre besser beraten, anstatt seine Zeit auf den Schulbänken dieser Schulen zu vergeuden, das tägliche Horoskop in der Zeitung zu lesen.«

Wir vermeiden es daher erstens konsequent, leere Patentrezepte zu propagieren, und versuchen zweitens auch nicht, etwas am psychosozialen System »Mensch-Manager« zu ändern, was in der menschlichen Natur, wie sie nun einmal auch als »Ensemble der gesellschaftlichen Verhältnisse« geworden ist, begründet liegt. Es geht vielmehr um die recht mühsame Aktivierung menschlicher Möglichkeiten.

1. Situationen

Im Verlauf unserer Unternehmensberatungen begegneten wir nicht selten Situationen, die ein Unternehmen mit eigenen Kräften nicht meistern konnte. Einige davon seien hier beschrieben:

Nicht wenige Vorstände – auch großer Unternehmen – klagten über einen Mißstand, der keineswegs nur Vorstandssitzungen betrifft, sondern auf allen Entscheidungsebenen aufzuweisen ist: »Die Sitzungen und Konferenzen dauern zu lange, sind wenig effizient und führen eher zu einer Demotivation der Teilnehmer (die sich etwa manipuliert, majorisiert, unverstanden, unterlegen fühlen).«

Das Ergebnis unserer Analysen war in nahezu allen Unternehmen recht ähnlich: Der kostenerhebliche Mißstand lag in den strukturell fixierten Weisen des Miteinanderumgehens begründet – und nicht etwa im Unvermögen oder im bösen Willen einzelner. Während der Sitzungen wurden

○ versteckte oder offene Antipathien realisiert (»Der kann doch gar nicht recht haben!« – »Der vertritt doch ausschließlich seine eigenen Interessen und nicht die des Unternehmens!«);

○ massive, wenn auch maskierte Selbstdarstellungen, oft in überlangen Beiträgen betrieben (»Schaut mal, so macht man das!« – »Mit diesem Problem bin ich schon öfters fertig geworden!« – »Schaut mal, wie gut und erfolgreich ich bin, was ich alles weiß, welchen Einfluß ich habe!«);

8

○ mangelnde Vorbereitungen maskiert (oft lange Beiträge, die, meist vergeblich, verschleiern sollten, daß ein Teilnehmer sich unzureichend vorbereitet hatte).

In allen Fällen spielten aber die Teilnehmer ihr Lieblingsspielchen: den Kampf gegen andere (das Sichdurchsetzen gegen andere und das Rechtbehalten gegenüber anderen). Es gab sogar Manager – Angestellte in Führungspositionen wie Eigenunternehmer –, die der Meinung waren, daß gerade diese fatale Begabung ihre besondere soziale Performanz beweisen würde. Es soll hier nicht bestritten werden, daß unsere ökonomische und politische Situation (die tatsächlichen Strukturen politischer und ökonomischer Systeme) die *Fähigkeit zum Kampf* einfordern. Doch diese Fähigkeit ist bei nicht wenigen der politisch und ökonomisch Führenden zu einer Art neurotischem Zwang degeneriert, der sie überall Feindsituationen erkennen läßt, in denen der Einsatz von Kampfstrategien notwendig erscheint.

Offensichtlich sind in solchen Fällen die Standards, die die unternehmensspezifischen Interaktionen regeln – das also, was man heute gemeinhin mit Corporate Behavior bezeichnet –, suboptimal. Da es nun nicht sonderlich sinnvoll ist, die Interaktionsstandards allein zu korrigieren, sondern auch die Bereiche des allgemeinen (unternehmensspezifischen) Bewußtseins, die sich in den kollektiven Werteinstellungen und Grundüberzeugungen (den »Basic Beliefs«) manifestieren, sollte die beratende Tätigkeit an beiden Punkten einsetzen: (1) Es müssen Verhaltensweisen trainiert werden, die die genannten Fehler als kommunikative Störgrößen ausschließen, und (2) sind Wertorientierungen und Einstellungen zu vermitteln, die diese neuen Verhaltensmuster nicht als oktroyiert, sondern als selbstverständliche Konsequenz der veränderten Basic Beliefs erscheinen lassen.

Gerade in vielen mittelständischen Unternehmen, die in den letzten Jahren erheblich gewachsen waren, traten nach unserer Beobachtung massive Kommunikationsstörungen auf. Der in einem Kleinunternehmen mögliche sternförmige Austausch von Informationen, bei dem alle Informationen über den Inhaber, den Meister oder den Geschäftsführer laufen, wurde beibehalten. Eine unmittelbare entscheidungsrelevante Kommunikation etwa zwischen Produktion und Verkauf gab es nicht − sie lief über den Boß, der ja auch Inhaber war. Entscheidung und Verantwortung lagen also in einer Hand. Mit dem Wachsen des Unternehmens wurde es jedoch nötig, wegen der Fülle zu treffender Entscheidungen einerseits und der nur begrenzten Fachkompetenz des Verantwortlichen andererseits, bestimmte Entscheidungen in einem vorgegebenen Rahmen von anderen treffen zu lassen − ohne daß die Letztverantwortung von dem jeweiligen Chef genommen war. Es trat also eine für jedes größere Unternehmen alltägliche Situation auf, daß der Verantwortungsträger auch Entscheidungen, die seine Mitarbeiter getroffen hatten, verantworten mußte. Wenn ein Unternehmen in dieser Situation an sternförmigen Kommunikationsströmen festhält, bedeutet das eine weitgehende Isolation des Verantwortungsträgers vom Entscheidungsträger. Die Kluft kann nur geschlossen werden, wenn ein prinzipiell anderes Muster für die Informationsströme gefunden wird, das eine netzwerkartige Verbindung der Informationsgabe, -nahme und -verarbeitung aller Entscheidungen mit dem Verantwortungsträger erlaubt und zudem dessen Informationen und deren Fachwissen für die Entscheidungsfindung nutzbar macht. Wir empfehlen in diesen Situationen einen Führungsstil für Regelentscheidungen, der eine Entscheidungsvorbereitung im Team erlaubte (wobei der Eigentümer oder der Geschäftsführer die Funktion »Finanzen« übernimmt und der Verantwortungsträger ausschließlich den Grundsatzbereich (Investition, Festlegung der Produktpalette etc.) autonom leitet. Dieser Führungsstil setzt jedoch voraus, daß rationale Kommunikationsmuster beherrscht werden, die jede Form von »vorauseilendem Gehorsam«, von Drückebergerei, von unangemessener Entscheidungswut wie auch die übrigen Merkmale kommunikativer Inkompetenz auf ein erträgliches Maß reduzieren.

Unternehmen, in denen vor einigen Jahren eine Unternehmensberatungsfirma nicht nur mit Vorschlägen zur Senkung der Gemeinkosten in den Betrieb eingegriffen hatte, sondern auch durch Empfehlungen die Unternehmensidentität (Corporate Identity) entweder herzustellen oder zu ändern versucht hatte und so das Unternehmen mit allen möglichen ebenso nutzlosen wie kostspieligen Ratschlägen beglückte, um das Firmenimage (Corporate

Image) weiterzuentwickeln, also die Wettbewerbsposition zu verbessern oder Interaktionskosten zu senken (etwa durch Minimierung innerer und äußerer Reibungsverluste), vergaß oft, daß das alles nur Erfolg haben kann, wenn die Unternehmensstrukturen auch im Bereich des Corporate Behavior modifiziert werden. Es kam dabei nicht selten zu erheblichen Identitätskrisen und massiven unternehmensinternen Reibungsverlusten, weil der Versuch, Ideale gegen Realität und Bewußtsein gegen Sein durchzusetzen, nicht als abstrakt utopisch erkannt und dann aufgegeben, sondern durch lange Jahre immer wieder erneut aktiviert wurde.

2. Was ist zu tun?

In den meisten Fällen gelang es uns, die hier vorgestellten Mängel zu beheben. Nirgendwo konnten wir allerdings darauf verzichten, Techniken zu vermitteln, die das Corporate Behavior veränderten – hin zu mehr Teamwork, hin zu mehr Effizienz. Manche Unternehmen hatten hier schon leidvolle experimentelle Erfahrungen hinter sich (etwa das verbreitete Pinnwand-Verfahren, das eher zu den gruppendynamischen Spielchen gehört, denn als Hilfe verstanden werden kann, auf rational-optimalem Niveau einen Konsens herzustellen oder ein Problem zu lösen). Um dieses Ziel zu erreichen, mußten Techniken erlernt werden, die wir heute zur Dialektik zählen. Dieses Buch will Sie – in dem Umfang, als man solche Techniken durch Studium und nicht durch Praxis erlernen kann – damit vertraut machen. Wollen Sie die Beherrschung dieser Techniken verbessern, sind Sie herzlich eingeladen, an einem von mir oder meinen Mitarbeitern geleiteten Dialektik-Seminar teilzunehmen.

Außerhalb unseres Teams versteht man allgemein »Dialektik« eher als generelle »Kommunikationspraxis« oder als »Methode, andere zu manipulieren«. Beides hat mit Dialektik nichts zu tun. Nun ist Teamwork (genauer das, was man gemeinhin darunter versteht) zu Recht in Verruf geraten, weil kaum jemand die Techniken dieses Arbeitens zureichend beherrscht. Außerdem machen merkwürdige Definitionen dieses Begriffs die Runde. Arbeitsgruppen werden oft aus Menschen gleicher hierarchischer Funktion und mit mangelnder Teamfähigkeit zusammengestellt. Es stimmt dabei bestenfalls die soziale Passung. Aber die Anhäufung von interagierenden Unkreativen macht selbst dann kein Team aus, wenn es zur Konsensbildung (etwa gar über gruppendynamische Mechanismen) kommt.

Nur wenige Menschen mit definiertem Arbeitsbereich sind in der Lage, so miteinander zu agieren, daß ihre gemeinsame Arbeit zu einer größeren Realitätsdichte führt. Ein Team, das dem Mangel an ganzheitlichem Können und individueller Kreativität abhelfen soll, funktioniert bestenfalls bei unwichtigen Entscheidungsvorbereitungen, kaum aber dann, wenn es um die Existenzsicherung des Unternehmens geht. Also muß sich unsere Vorstellung vom Team ändern: Ein solcher Arbeitsstil hat nur dann einen Sinn, wenn es erstens zur vernetzten Informationsverarbeitung kommt, zweitens Kreativität freigesetzt wird und er drittens durch gemeinsamen Erkenntnisfortschritt zu realitätsdichteren Lösungen führt. Das aber bedeutet, daß ein Team nicht nach Maßgabe irgendwelcher hierarchischer Positionen zusammengesetzt werden darf, sondern mit dem Ziel der Optimierung dieser drei Funktionen. Das setzt vor allem voraus, daß die Mitglieder eines Teams *unabhängig von der hierarchischen Position* ausgewählt werden.

Dabei ist zu bedenken, daß Menschen in Alphapositionen in aller Regel sehr viel weniger kreativ denken als Menschen in weit nachgeordneten Positionen, denn oft sind die Inhaber von Omegapositionen sehr viel schöpferischer. »Kreativität« bezeichnet hier das Vermögen, realitätsdicht gegen Regeln denken zu können. Doch − vielen zum Trost − verschüttete Kreativität läßt sich auch wieder freisetzen. Die in diesem Buch vorgestellten Techniken können dabei hilfreich sein.

Übrigens ist die hier vorgestellte dialektische Methode keineswegs auf die innerbetriebliche Kommunikation beschränkt. Wo auch immer über rationale Strategien Konsens hergestellt oder ein Problem gelöst werden soll (und das kann in sozialen Systemen jedwelcher Art − wie etwa in Familien, Paarbeziehungen, Parteien, Aufsichtsräten, Richterkollegien − ein zumindest gelegentlich anzustrebendes Ziel sein), ist die Dialektik die Technik, die nach dem Stand unseres Wissens zu optimalen Ergebnissen führt.

12

Einer der Gründe hierfür dürfte sein, daß ihre regelmäßige Verwendung der Teambildung außerordentlich förderlich ist. Hier ist anzumerken, daß die Eigenschaft »teamfähig« in keiner Weise identisch ist mit den Charakteristika »pflegeleicht« (mit einem Minimum an Aufwand zu führen) oder »passungsfähig« (sich schnell in soziale Situationen einfindend). Die Teamfähigkeit eines Menschen oder auch einer Gruppe läßt sich vielmehr wie folgt definieren:

> Eine Person ist genau dann teamfähig, wenn sie nicht gegen Menschen, sondern zusammen mit ihnen gegen ein Problem kämpft. Eine Gruppe ist genau dann teamfähig, wenn sie gemeinsam eine optimale Problemlösung anstrebt und kein Mitglied gegen ein anderes kämpft.
> ES KOMMT DARAUF AN, ZU GEWINNEN –
> NICHT ZU SIEGEN.

Leider verfügen selbst teamfähige Gruppen oft nur über unzureichende Techniken (wie etwa das Pinnwand-Verfahren). Teamfähigkeit auszubilden, heißt zu vermeiden, daß sich über gruppendynamische Mechanismen immer wieder Phänomene wie Kämpfe untereinander und das Siegenwollen in Konferenzen und Sitzungen einschleichen oder aber daß es zu realitätsabgelösten Konsensbildungen kommt. Auf diese Weise kann die Teamfähigkeit zerbrechen. Aus einem Team (mit einer wesentlichen Orientierung auf Außenfunktionen) wird eine Gruppe (mit einer hauptsächlichen Orientierung auf Innenfunktionen).

Dieses Buch will helfen, latente Teamfähigkeit zu entwickeln und vorhandener Teamfähigkeit Instrumente an die Hand zu geben, sich optimal im Rahmen eines rational geführten Diskurses zu verwirklichen. Das geschieht vor allem im Zuge von Konsensbildung und Problemlösung. Natürlich kann man auch versuchen, mit dem Flitzebogen auf Jagd zu gehen, mit Reibehölzern Feuer zu machen oder Briefe in Keilschrift zu verfassen. Dieser Versuch ist sehr wohl jenem vergleichbar, ungelernt und untrainiert kommunikative

Techniken anzuwenden, die Spielsituationen Frühpubertierender gerade hinter sich lassen. Es gibt nicht wenige Menschen, die meinen, sie könnten die mehrtausendjährige Geschichte der kommunikativen Methoden reproduzieren, ohne sich reflektierend mit ihnen beschäftigt zu haben. Ist das Kind in Ihnen noch so lebendig, daß Sie glauben, Ihr Unternehmen mit frühpubertären Kommunikationsmethoden führen zu können, sollten Sie das Buch nicht weiterlesen, sondern es verschenken.

Zunächst wollen wir umreißen, wie sich Konsens und Pseudokonsens voneinander unterscheiden. Gruppendynamisch getragene Konsensbildungsverfahren erzeugen oft eine unechte Übereinstimmung, die sich etwa so darstellen läßt:

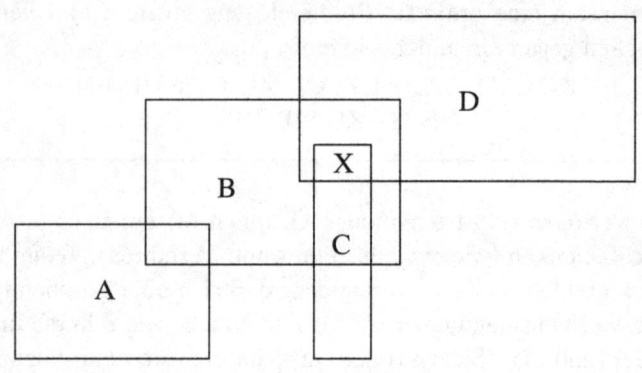

Wenn die Flächen A, B, C und D die Ansichten von vier Personen zu einer konkreten Frage darstellen, so ist leicht zu erkennen, daß zwar alle über Konsensbrücken miteinander verbunden sind, die tatsächliche Konsensmenge aber durch den sehr mageren Durchschnitt X repräsentiert wird. A wird sich wahrscheinlich, über gruppendynamische Mechanismen bewegt, letztlich auch diesem Minimaldurchschnitt anschließen.

Die in diesem Buch vermittelte Technik möchte andere und andersgeartete Durchschnittsmengen (Mengen konsensfähiger Aussagen im Horizont eines durch gemeinsamen Erkenntnisfortschritt erzeugten Konsenses) herstellen. Das verfolgte Ziel läßt sich etwa so darstellen:

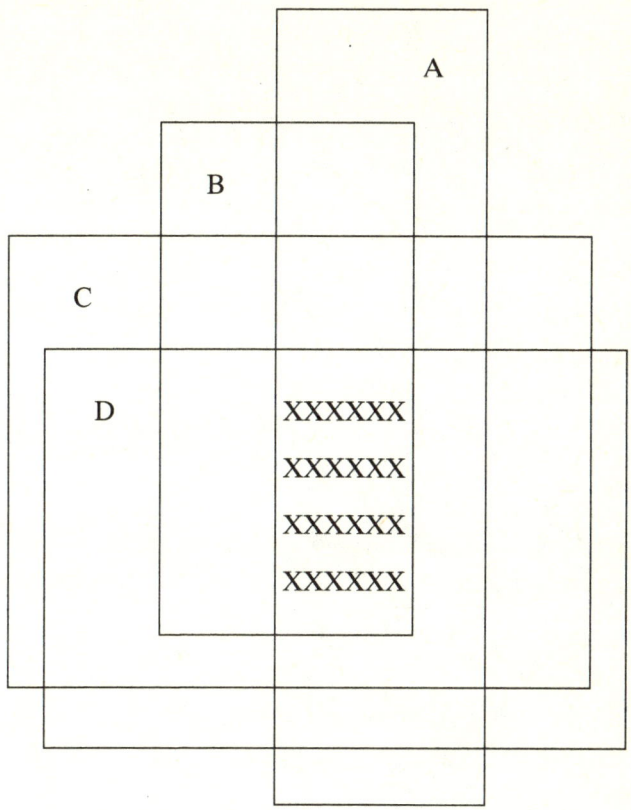

Es ist ein Beitrag zum Thema »Corporate Behavior« und stellt Material bereit, zu einem erfolgreichen Wandel von Unternehmensidentität und Unternehmensimage.

Einleitung

Das Problem des kontraproduktiven Kämpfens von Menschen gegen Menschen (intraspezifische Aggression) scheint seit einigen Jahrtausenden zum Bestand der psychischen Struktur der meisten Menschen zu gehören. In der langen Zeit der Menschheitsgeschichte, in der sich Menschen mit Sammeln und Jagen den Lebensunterhalt sicherten, war der Kampf der Menschen mit der Natur so lebenswichtig, daß er das aggressive Potential weitgehend absorbierte. Menschen, die auch heute noch gegen die Natur kämpfen müssen (Eskimos, Buschmänner), kennen die uns gewohnten Ausprägungen der Feindseligkeiten von Menschen gegen Menschen nicht, sie kämpfen allenfalls gegen andere, um ihr Revier zu verteidigen.

Im europäischen Kulturkreis, aber auch in anderen, in denen die sozialen Strukturen der herdenbesitzenden Nomaden und Ackerbauern das Ziel des aggressiven Potentials festlegen, ist der Kampf des Menschen gegen den Menschen an die Stelle des Kampfes gegen die Natur getreten. Menschen wollen ihr persönliches Eigentum (dessen Besitz in der Jäger- und Sammlerkultur nur Nachteile brachte, mußte es doch herumgetragen werden) sichern und mehren – und das oft gegen konkurrierende Interessen anderer. Um überhaupt miteinander leben zu können, mußten vor allem die Ackerbauern politische Systeme (vom Muster »Staat«) aufbauen. Dabei entstand eine besondere Form der Fehde der Menschen wider Menschen: der Kampf um die Macht in einer Institution.

In den sozialen Strukturen der Industriegesellschaft wurde der Kampf um die Macht, der Alphakampf (um Einfluß, um Herrschaft und um den Besitz hierarchischer Autorität), als Spezifikum der Rivalitäten unter den Menschen aus dem politischen in den ökonomischen Raum transportiert. Das Ausüben von Macht, oft verbunden mit dem Wunsch nach mehr, wurde für manche zur unverzichtbaren Quelle ihrer Selbstachtung, zu einem lebensnotwendigen Element ihrer Selbstdefinition, zum höchsten Motivator ihres Entscheidens und Handelns. Sie besaßen nicht Macht (was durchaus erstrebenswert sein kann), sondern wurden von ihr besessen (was Menschen zwingend und unvermeidlich sowohl psychisch als auch sozial zerstört).

Dieses Besessensein ist heute ebenso kontraproduktiv wie unvermeidlich, weil inzwischen solche Strukturen ökonomischer und sozialer Systeme internalisiert wurden, die nur funktionieren, wenn sie von degenerierten Menschen verwaltet werden. Kontraproduktiv ist es insofern, als es Menschen daran hindert, Wichtigeres zu tun: etwa gemeinsam Probleme zu lösen oder gemeinsam herauszufinden, wer man denn nun sei und wofür es lohne zu leben. Unvermeidlich, weil schon Kinder aufs Siegen (in Spiel und Sport) konditioniert werden und solche Konditionierung (wenigstens im gewissen Umfang) auch notwendig ist, weil die Strukturen vieler sozialer Systeme zum Überleben ein Kämpfenkönnen voraussetzen.

Nun ist, wie gesagt, das Kämpfen*können* in unseren politischen und ökonomischen Makrosystemen nützlich oder gar notwendig. Für viele wurde das Kämpfen jedoch zu einem neurotischen Zwang, dessen pathologischer Charakter nur wegen der Verbreitung der Störung und ihres vermeintlich gesellschaftlichen Nutzens nicht erkannt wird. *Aus dem Kämpfenkönnen wurde ein Kämpfenmüssen.* Die im Vorwort geschilderten Fälle belegen diesen Sachverhalt anhand von Erläuterungsbeispielen. Wie alle zwangsneurotisch besorgten Strategien hat auch die des Kämpfenmüssens den Nachteil, zu suboptimalen Resultaten zu führen.

Nun ist diese Praxis keineswegs neu. Schon Protagoras von Abdera (480−410 v. Chr.) lehrte nach dem Zeugnis des Diogenes Laertios (um 240 v. Chr.), der Mensch sei das Maß aller Dinge. Sein erhielten sie von ihm. Somit können wir nichts über das von uns Menschen gestiftete Seiende hinaus wissen, sondern nur Vermutungen darüber anstellen. Da also nicht ein objektiv Gutes als Kriterium von rechtem Handeln zur Verfügung steht, gilt das Recht der Stärkeren.

Gorgias von Leontinoi (480−375 v. Chr.) entwickelte aus ganz ähnlichen Motiven − war er doch der Meinung, jede Aussage sei falsch − eine Kampfrhetorik, die das Ziel verfolgt, »die unterlegene Sache zur siegenden zu machen«. Dieser kleine Ausflug in die Geschichte mag nicht uninteressant sein, da sich uns heute ganz ähnliche Fragen stellen, die nicht selten ganz ähnlich mit ebenfalls ganz ähnlichen Konsequenzen beantwortet werden.

Sokrates (470−399 v. Chr.) erkannte das Symptom und versuchte eine erste Diagnose. Er war der Ansicht, daß Menschen dazu neigen, ihre *Gewißheiten* (das sind Überzeugungen, an deren Stimmigkeit sie nicht mehr ernsthaft zweifeln) mit *Wahrheit* (das ist die Qualität einer Aussage, die semantisch zutreffend einen realen Sachverhalt abbildet) zu verwechseln. Real wollen wir einen Sachverhalt nennen, der auch unabhängig von unserer Erkenntnis existiert.

Gewißheiten können sehr verschieden zustande kommen. Vor allem aber sind sie bestimmt durch unsere psychischen und sozialen Bedürfnisse (etwa durch das Bedürfnis, die Selbstachtung nicht zu verlieren, dazuzugehören, zu siegen, anerkannt zu werden und Erfolg zu haben) sowie durch Interessen, Erwartungen, Stimmungen. Sie sind von Mensch zu Mensch sehr verschieden. Daraus folgt unmittelbar, daß sie ausschließlich eine eigenpsychische Realität darstellen, die in keiner Weise für andere Menschen verbindlich gemacht werden kann. Aussagen, die über solch gewisse Sachverhalte handeln, sind bestenfalls *authentisch,* niemals aber wahr, da wir Menschen − außer in trivialen Fällen− nicht in der Lage sind, Täuschung in der Erkenntnis und Irrtum in der Interpretation des Erkannten auszuschließen. Die modernen Entscheidungstheorien haben diese Einsicht aufgegriffen, und sie zeigen, daß nahezu alle nichttrivialen Entscheidungen unter Unsicherheit getroffen werden müssen.

Wahrheit dagegen fordert intersubjektives Gelten, weil sie Irrtum und Täuschung ausschließt. Eine wahre Aussage ist für jeden Menschen wahr, der in der Lage ist, den geäußerten Sachverhalt zu erkennen, und dem Satz gleiche (oder doch sehr ähnliche) semantische Bedeutungen beilegt wie der Aussagende. Zwar gibt es auch konkurrierende wahre Aussagen, da eine Aussage über die reale Welt niemals den ganzen realen Sachverhalt vollständig beschreibt, sondern stets nur bestimmte Aspekte hervorhebt. Der eine Mensch kann andere Aspekte erkennen und aussagen als ein anderer. Auch die Erkenntnis des realen Sachverhalts ist, selbst wenn sie frei von Täuschung und Irrtum sein sollte, selektiv von Interessen, Erwartungen, Stimmungen und Bedürfnissen bestimmt. Dennoch ist im Prinzip eine wahre Aussage intersubjektiv gültig, während eine Aussage, die sich auf (bloße) Gewißheiten stützt, nur subjektiv gilt, also bestenfalls authentisch ist. Ob es in diesem Sinne wahre nichtanalytische Aussagen (analytisch sind Aussagen, die im Prädikat nur die semantische oder funktionale Bedeutung des Subjekts entfalten) über Sachverhalte gibt, die nicht erst von unserem Erkenntnisvermögen (wie etwa die Zahlen) geschaffen werden, ist heute umstritten. Sehr viele Erkenntnistheoretiker nehmen an, daß *jede* Aussage, die einen erfahrenen Sachverhalt bezeichnet, diesen immer schon als interpretierten vorstelle. Wegen der psychischen und sozialen Bedingtheit der Interpretation sei sie niemals als wahr begründbar (und könne somit also auch nicht redlich als wahr hingestellt werden).

Sokrates vertrat die Ansicht, daß nur triviale (unmittelbar Erfahrung wiedergebende) Aussagen wahr sein könnten. Alle Aussagen, die nicht unmittelbar Erfahrbares, sondern Erschlossenes oder Erklärungen und Deutungen zum Gegenstand hätten, seien allenfalls gewiß, niemals aber wahr, da Täuschung und Irrtum niemals völlig auszuschließen seien. Da nun aber fast alle Aussagen von einiger Erheblichkeit nichttrivial sind, sind sie somit niemals als wahr auszumachen, sondern allenfalls mögliches Objekt von Gewißheiten. Sokrates sah in der Verwechslung von Wahrheit und Gewißheit, von subjektiven und intersubjektivem Gelten den Grund allen Übels, das Menschen anderen Menschen antun.

O Ein Mensch, der um die Art seines Wissens (ob wahr oder nur gewiß) nicht weiß, ist *dumm*. Dummheit bezieht sich also − nach Sokrates − nicht auf Wissensquantitäten, sondern auf Wissensqualitäten. Wer seine Gewißheiten für wahr halte, sei dumm, so sagt er.

○ Ein Mensch, der die Art seines Wissens nicht erkennt, ist *intolerant*. Toleranz heißt nicht: »Ich weiß es zwar besser als du, aber ich bin bereit und fähig, dein eingeschränktes Wissen, deinen Irrtum gar zu akzeptieren!« Toleranz meint vielmehr: »Wir beide verfügen nicht über Wahrheit, sondern nur über verschiedene Arten von Gewißheit – und sind insoweit in genau derselben Situation. Wir können jedoch sinnvoll streiten, wessen Gewißheiten zu brauchbareren und nützlicheren Handlungen führen!«

○ Ein Mensch, der zwischen den verschiedenen Arten seines Wissens nicht unterscheiden kann, ist *wahngestört*. Das Wesen des Wahns besteht darin, daß ein Mensch seine Gewißheiten für wahr hält. So wird ein eifersuchtswahnkranker Mensch das Verhalten seines Gegenübers als Bestätigung für die Berechtigung seiner Eifersucht auslegen. So interpretierten die Nazis – kollektiv wahngestört – alle Handlungen oder Theorien von Juden als Ausdruck von deren charakterlicher Minderwertigkeit. Eine Interpretation, die psychoanalytisch leicht als Projektion auszumachen ist.

Sokrates war nun der bedenkenswerten Ansicht, daß die Symptome der nichtdurchschauten Dichotomie von Wahrheit und Gewißheit, Dummheit, Intoleranz und Wahn der Grund dafür sei, daß Menschen einander Leid zufügen. Damit war auch das Programm seiner Philosophie (und das seines Schülers Platon) formuliert. Es komme darauf an:

○ sich selbst zu erkennen (*gnothi seauton*), um nicht der Versuchung zu erliegen, seine Überzeugungen für wahr und damit für andere für verpflichtend zu halten oder aus ihnen Handlungskonsequenzen abzuleiten, die anderen Menschen möglicherweise schaden könnten, und

○ Techniken zu entwickeln, um, auf dieser Einsicht aufbauend, mit anderen Menschen sinnvoll umzugehen. Diese Techniken nennen wir heute *Dialektik*.

> Dialcktik bezeichnet die Kunst, über gemeinsamen Erkenntnisfortschritt Konsens zu erzielen oder ein Problem zu lösen.

Vor allem Platon, der wichtigste Schüler des Sokrates, entwickelte in seinen Dialogen praktische Regeln der Dialektik. Er erkannte, daß man der Gefahr eines erkenntnistheoretischen (in der Bestimmung des »Wahren«) und ethischen Relativismus (in der Bestimmung des »Guten«) und der damit verbundenen Beliebigkeit und Orientierungslosigkeit nur dann entgehen könne, wenn man über die Techniken eines rational orientierten Diskurses verfüge. Hier wird schon früh eine Einsicht der postmodernen Philosophie deutlich, daß Wahrheit und Gutheit sich nur in Kommunikationsgemeinschaften einstellen können. Beide Begriffe verlieren dann zwar ihre absolute zeit- und gesellschaftsinvariante Geltung, nicht aber ihre absolute Gültigkeit in bezug auf eine Kommunikationsgemeinschaft. In ihr überwinden sich Orientierungslosigkeit und Relativismus.

Zwar versuchte Platon auch durch die Annahme von zeit- und gesellschaftsinvarianten realen Ideen, den scheinbaren Relativismus, den die sokratische Dichotomie mit sich bringt, zu überwinden, doch schon Aristoteles empfand diese Ideen, deren Wahrnehmung konkrete Erkenntnis voraussetzt und durch die Wiedererkennung, als eine überflüssige Vermehrung von Sachverhalten, aktiviert wird. Und so bleibt dem modernen Menschen die Dialektik Platons als einziges unveräußerliches Erbe erhalten.

Menschen, die sich die Sokratische Dichotomie nicht nur rational, sondern auch emotional zu eigen gemacht haben, erfüllen eine notwendige Bedingung zur Dialektik, das heißt zur rationalen Kommunikation in einem Team (ein etwas modernerer Begriff für »Kommunikationsgemeinschaft«). Menschen, die dazu nicht in der Lage waren oder sind (etwa weil sie unter Siegzwängen stehen), nennen wir *Dogmatiker.*

Sokrates hatte zu seiner Lebenszeit einigen Ärger mit politischen oder theologischen Dogmatikern, da diese der Meinung waren, die Grundlage jeder erfolgreichen Politik oder jeder religiösen Verkündigung bestehe darin, Menschen bestimmte Gewißheiten zu vermitteln, die, sobald sie nicht mehr ernsthaft an deren Stimmigkeit zweifeln, als wahr behauptet und angenommen werden. Die Politiker klagten Sokrates an, er verführe die Jugend und die athenische Priesterschaft. Sie warfen ihm vor, daß er Asebie (Gottlosigkeit) verbreite, da er nicht die Götter verehre, die der Staat verehrt. Beider Vergehen wurde er dann für schuldig befunden und zum Tode verurteilt.

Das Schicksal des Sokrates verweist auf das klassische »Paradoxon der Toleranz«. Eine »absolute Toleranz« kann es nicht geben, weil sie erstens selbst wieder dogmatisch wäre und zweitens in der Praxis vor jeder Intoleranz kapitulieren müßte. Somit ist also nur eine »relative Toleranz« sinnvoll vertretbar. Auf die Frage nach den Grenzen von Toleranz allgemein wird sie sich zumindest auf die »aktive Intoleranz« (eine sich im Handeln Toleranz unterdrückende oder gar vernichtende Intoleranz) in intoleranter Reaktion (reaktive Intoleranz) kämpferisch beziehen.

Die Erkenntnis, daß die Dichotomie des Sokrates nach fast 2400 Jahren immer noch nicht im standardisierten Bildungsangebot (vom Kindergarten bis zur Universität) vorkommt, entlarvt auch heute noch den Ungeist unserer Zeit und ihre fundamentale Kulturlosigkeit ebenso wie ihren latenten Faschismus. Manche Professoren verkünden ihre Theorien, als seien sie wahr. Ihnen gilt das Urteil des Sokrates, sie seien dumm, intolerant und wahngestört, weiß doch inzwischen jedermann, daß noch nie in der Geschichte der Wissenschaften eine unüberholbare Theorie erzeugt wurde.

Sokrates war der Ansicht, daß in einem kontroversen Dialog niemals die Wahrheit des einen gegen die vertäuschte Gewißheit des anderen stehe, sondern stets nur Gewißheit (1) gegen Gewißheit (2). Wollen die beiden Partner ihren Dialog rational fortsetzen, bietet sich ihnen nur *eine* rationale Möglichkeit. Beide versuchen, durch gemeinsamen Erkenntnisfortschritt zu einer neuen gemeinsamen Gewißheit (3) zu gelangen. Wegen dieses Musters These – Antithese – Synthese wird die Dialektik nicht selten von solchem Dreischritt her bestimmt.

Die Gewißheit (3) hat ihren Vorrang gegenüber den Gewißheiten (1) und (2) daran zu erweisen, daß sie, insoweit sie unmittelbare oder mittelbare Handlungsfolgen hat oder auch nur haben könnte, zu brauchbareren und nützlicheren Handlungen, Entscheidungen, Orientierungen, Einstellungen führt. *Brauchbarkeit* ist dabei eine *funktionale Kategorie.* Eine Entscheidung oder eine Handlung ist genau dann brauchbarer als eine andere, wenn sie eine Aufgabe, ein Problem sicherer und mit geringerem (materiellen, zeitlichen, sozialen, emotionalen) Aufwand löst. Brauchbare Lösungen zu finden ist die Aufgabe *technischer Rationalität.*

Nützlichkeit ist dagegen bei Platon (wir werden uns dieser Terminologie anschließen) eine *ethische Kategorie.* Eine Entscheidung oder Handlung (»Handlungsethik«) beziehungsweise eine Einstellung oder Orientierung (»Tugendethik«) ist nützlicher als eine andere, wenn sie es erlaubt, sich stärker am »höchsten Gut« (das war etwa für Aristoteles die Eudaimonia, für die Christen die Schau Gottes, für die Utilitaristen das größte Glück der größten Zahl) orientiert und zu ihm hinführt.

In meinem Buch, »Ethik für Manager«, habe ich als »höchstes Gut« die Erhaltung und Entfaltung des eigenen und fremden personalen Lebens vorgestellt.

Bei manchen Entscheidungen wird die Brauchbarkeit im Vordergrund stehen, bei anderen die Nützlichkeit. Wie sich im Konkurrenzfall Brauchbarkeit und Nützlichkeit gegeneinander abwägen lassen, um zu einer *rational verantworteten* Entscheidung zu kommen, habe ich dort ebenfalls ausführlich abgehandelt. Die erforderliche Güterabwägung ist eine Leistung des sittlichen Gewissens.

Der gemeinsame Erkenntnisfortschritt führt in der Regel nicht zu einer Entscheidung unter Sicherheit. Es kommt also der Dialektik nicht darauf an, eine Entscheidung unter Unsicherheit in eine solche unter Sicherheit zu überführen. Sie kann jedoch die Entscheidung unter Unsicherheit, so weit als möglich, rational machen und irrationale Momente oder systeminduzierte Blindheit eliminieren.

Der Sokratische Ansatz wurde von Platon (428–348 v. Chr.) weitergeführt, und die lateinische Dialektik entwickelte aus der Platonischen Methode schulisch vermittelbare Regeln: die drei Regeln des Platon. Sie seien hier (etwas verkürzt und in moderner Sprache) vorgestellt.

In der Zeit, als Dialektik Schulfach wurde (und bis zur Renaissance auch blieb), brachte man die Platonische Praxis auf didaktisch aufgearbeitete Regeln: die berühmten *drei Regeln des Platon.* Diese lauten in moderne Sprache umgesetzt:

1. Verhalte dich alterozentriert.
2. Erreiche eigene und fremde Emotionalität.
3. Stelle dich auf die kommunikativen Bedürfnisse deines Partners ein.

In den letzten Jahren erschienen viele Bücher zum Thema Dialektik. In unserer Republik trainieren wenigstens dreißig Trainer diese Kunst. Doch handelt es sich dabei oft entweder um Hochstapler (wenn sie etwa Kommunikationstechniken behandeln) oder aber um Scharlatane (wenn sie etwa Manipulationstechniken vermitteln). Das hat mit Dialektik nichts zu tun, man könnte ihre Arbeit allenfalls als Propädeutik zur Dialektik gelten lassen. Die im Altertum und Mittelalter ausgefeilte Kunst der Dialektik wird im deutschen Sprachraum erstmalig umfassend in diesem Buch vorgestellt, stets in dem Bemühen, dem Leser brauchbare Instrumente in die Hand zu geben.

1. Verhalte dich alterozentriert

»Alterozentrik« ist der verlorengegangene komplementäre Begriff zu »Egozentrik«. »Alterozentrik« bezeichnet ein Verhalten, das nicht die Befriedigung der eigenen emotionalen oder sozialen Bedürfnisse (etwa Unlust zu vermeiden und Lust zu gewinnen oder die Selbstachtung zu mehren und zu stabilisieren) in den Mittelpunkt der kommunikativen Strategien stellt, sondern die des Partners.

Vermutlich ist zu alterozentriertem Verhalten nur ein Mensch fähig, der sich nicht in allen seinem Handeln selbst sucht, sondern *weiß, wer er ist.* Das »Erkenne dich selbst« war nicht nur *die* Forderung griechischer Weisheit und Religiosität, sondern ist auch die *Voraussetzung* beherrschter Dialektik.

Um das mit »Alterozentrik« Bezeichnete darzustellen, mag es nützlich sein, sich einen Überblick über die elementaren Formen der Kommunikation zu verschaffen.

Wir unterscheiden:

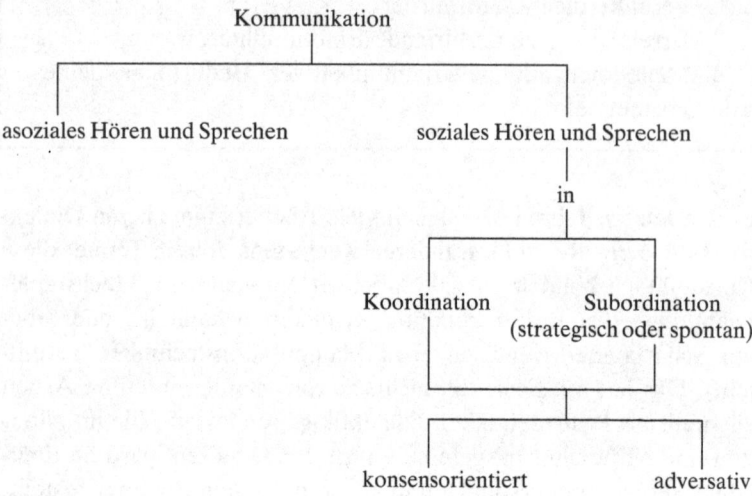

Egozentrisch ist Hören vor allem dann, wenn der Hörende den Beitrag des anderen nur als (mehr oder minder erheblichen) Vorspann zum eigenen Reden betrachtet. Ernsthaft zugehört wird nur so lange, als der Hörende noch nicht selbst reagiert. Möchte er irgend etwas sagen, was ihm gerade (meist ausgelöst durch das Gehörte) durch den Kopf geht, hört er nicht mehr zu. Er wird ungeduldig und versteht das weitere Sprechen des anderen als Störgröße. Da nicht wenige Menschen erst nach einigen Sätzen zu dem kommen, was ihnen wichtig ist, wird dieses vom Hörenden nicht mehr wahrgenommen. Es kommt bestenfalls zu einer Art »Cocktail-Party-Gespräch«, nicht aber zu einer »kommunikativen Interaktion«, wie sie die dialektische Praxis als beherrscht voraussetzt. Wer während des fremden Sprechens seinen Beitrag plant, abgelenkt ist, ungeduldig wird und den Partner nicht ernst nimmt, ist egozentrisch orientiert.

Egozentrisch ist alles Sprechen, das eher lustvollen Selbstvollzug des Sprechenden darstellt oder primär (oft unbewußt) seiner Selbstdarstellung dient. Nicht selten kommt es zu assoziativen Kettungen. Diese entstehen, wenn der Sprechende seine Einfälle, die ihn während des Sprechens überkommen, parenthetisch in seinen Bei-

26

trag einfließen läßt oder sie ihm anhängt. Auch der Fall, daß der Redner nichts mehr zu sagen hat, wohl aber noch über Sprechantrieb verfügt und sich deshalb (meist weniger deutlich und klar als bei der Erstdarstellung) wiederholt, ist keineswegs selten. Vor allem Menschen in Alphapositionen machen von der Möglichkeit Gebrauch, lange ungestraft (wenn auch unter Sympathieverlust) zu schwätzen. Solches Sprechen endet zumeist asozial, selbst wenn es zu Beginn eine ernsthafte Mitteilungsfunktion gehabt haben sollte.

Altrozentrisches Sprechen geschieht im Mit- und Zusprechen (in Koordination oder Subordination). Es will sich *wiederholbar verständlich* machen. Wir unterscheiden zunächst strategisches vom spontanen Sprechen. Das strategische Sprechen kann seine Strategie aus den Standards einer Kommunikationsgemeinschaft beziehen, die Konsens herstellen oder Probleme lösen will. In diesem Sinne handelt dieses Buch von strategischem Sprechen. Es gibt jedoch auch ein strategisches Sprechen, das etwas anderes erreichen will, als dadurch ausgesagt wird. Wir nennen das dann »Spielen«. Ein beliebtes Spiel ist das »Ja-aber-Spiel« (»Herr X, Sie haben ja recht, aber . . .!«). Solche Spiele töten jegliche sinnvolle Kommunikation. Doch nur miserable Dialektik verwendet solche Strategien.

Beim spontanen Sprechen steht die Kettung der Beiträge nicht unter dem Anspruch, ein definiertes Ziel zu erreichen. Hier gehen Menschen spontan miteinander um und aufeinander zu. Solche Formen der Kommunikation sind für unsere soziale und psychische Gesundheit wichtig. Wir sollten sie nicht vernachlässigen und nicht als Zeitverschwendung abtun.

In diesem Buch behandeln wir jedoch keine solchen spontanen Formen der Kommunikation, die nicht nur für die soziale Kontaktaufnahme, -vergewisserung, -stärkung wichtig sind, sondern auch ihre Bedeutung für die Kommunikation in einer Kommunikationsgemeinschaft, die sich das Ziel gesetzt hat, Konsens oder Problemlösung über rational geleitete Interaktionen zu erreichen, haben. Für die Dauer der dialektischen Veranstaltung (etwa einer Konferenz) werden die Teilnehmer individuelle oder kollektive Bedürfnisse, die der Zielerreichung entgegenstehen oder sie erheblich erschweren, zurückzustellen versuchen. Dieser Versuch wird bei zunehmender Routine immer erfolgreicher sein.

Zum zweiten unterscheiden wir im Bereich des sozialen Hörens und Sprechens das adversative von dem auf Konsensbildung ausgerichteten Kommunizieren. Es ist in der Regel strategisch und geschieht in der Absicht, entweder Differenzen erkennbar zu machen und abzuklären oder Übereinstimmungen zu erkennen beziehungsweise herzustellen. Uns interessiert hier vor allem konsensorientiertes Hören und Sprechen.

> Bitte sensibilisieren Sie sich durch gelegentliche Selbstbeobachtung für Ihre Probleme mit der Alterozentrierung!

2. Erreiche eigene und fremde Emotionalität

Um glaubwürdig zu erscheinen, muß der Sprechende selbst von seiner Sache überzeugt sein. Er ist aber nur von ihr überzeugt, wenn sie ihm auch *emotional* wichtig ist. Das setzt voraus, daß er sich sein Anliegen (etwa Konsensbildung) nicht nur rational, sondern auch emotional zu eigen macht. Dieses Überzeugtsein wird vorwiegend über den Ausdruck (das Wie, nicht das Was des Sagens) mitgeteilt. Vor allem der verbale und somatische Ausdruck des Sprechenden macht dem Hörenden deutlich, ob und wie er das Gesagte, das immer auch emotional besetzt ist, internalisiert. Die Einheit von Inhalt und Ausdruck setzt ein gewisses Maß von physischem, sozialem und psychischem Wohlbefinden voraus, weil nur in der Situation des Wohlbefindens die psychisch-physische Einheit der Person sich unverstellt ausdrücken kann.

Fremde Emotionalität (in unserem Fall etwa die Freude, im Team durch gemeinsamen Erkenntnisfortschritt ein Problem zu lösen) ist über den Inhalt *und* den Ausdruck anzusprechen. Der Inhalt des Gesagten kann den Vorurteilen gegenüber der Sache oder der mitteilenden Person somit den Erwartungen, Stimmungen, Interessen des Hörers entsprechen oder nicht.

Nun kann der Kommunikationspartner (etwa der ein oder andere

Konferenzteilnehmer) verschiedenartige Widerstände gegen die dialektische Methode oder gegen Informationen, Interpretationen, Wertungen, Pläne und Entscheidungen aufbauen, die seinen Vorurteilen, seinen Wertvorstellungen, seinen Interessen widersprechen. Den Grund für die Widerstände sollte man erkennen können. Die Art des Widerstands ist oft nicht aus der reaktiven Information zu erheben, sondern nur durch den reaktiven Ausdruck. Im Fall eines Widerstandes muß die erste Frage lauten: »Um welchen Widerstandstyp handelt es sich? – Was ist der Widerstandsgrund? – Was ist der Auslöser für diesen Widerstand?«

Die wichtigsten Widerstandstypen sind:
○ der Widerstand aus aktueller oder habitueller Antipathie,
○ der rationale Widerstand (Informationen werden anders gewichtet, hierarchisiert sowie kombiniert) und
○ der emotionale Widerstand (die Information, Interpretation, Wertung oder Entscheidung entspricht nicht den Stimmungen, Erwartungen, Interessen des Partners).

Da in unserem Kulturkreis das Standardverhalten Widerstände allgemein als rationale maskiert, ist es nötig, diese Tarnungen zu durchschauen, um sinnvoll auf die sperrige Partnerreaktion eingehen zu können.

Bitte notieren Sie einige mißlungene Gespräche. Versuchen Sie herauszufinden, ob Sie auf Widerstandsgründe geachtet haben und wie Sie darauf reagierten.

In der Regel kann man davon ausgehen, daß emotionale oder Antipathiewiderstände zu folgenden verändertem Ausdrucksverhalten führen:
○ Der Widerstand Leistende geht »auf Distanz«. Das stellt er vor, indem er die körperliche Distanz real (etwa durch Fortrücken, Zurücklehnen, Abwenden) oder symbolisch vergrößert (etwa durch Vermeiden von Blickkontakt, durch unachtsames Zuhören, durch nichtsituationsgerechte Selbstdarstellung . . .).
○ Der Widerstand Leistende stellt vor, daß er sich »unwohl fühlt«.

Sehr oft wird das erkennbar an deutlich flacherer Modulation der Stimme und fehlenden oder falschen Satzakzenten.

Es ist jedoch darauf zu achten, daß sozialaggressiver Widerstand zu genau den gegenteiligen Reaktionen führen kann. Die erwähnten Muster veränderten Verhaltens zeigen autoaggressive Widerstandsreaktionen an.

3. Stelle dich auf die kommunikativen Bedürfnisse deines Partners ein

Wir unterscheiden vier kommunikative Ebenen, die in *jeder* normalen kommunikativen Situation aktiviert werden. Es kommt darauf an, daß die (im Laufe eines Gesprächs nicht selten wechselnde) *primäre* Ebene von allen Beteiligten erkannt wird. Die Ebenen repräsentieren verschiedene kommunikative Bedürfnisse:

○ die der Kontaktvergewisserung (Wie stehen wir zueinander? Nimmt mich der andere ernst? Kann ich ihm in dieser Sache vertrauen? Sind wir einander sympathisch?),

○ die der Informationsverarbeitung (Weitergabe, Entgegennahme und Verarbeitung von Informationen),

○ die des Sendens und Empfangens von Selbstdarstellungen und

○ die der versteckten Appelle (»Ich will, daß du mir zuhörst!« − »Ich will, daß du mich ernst nimmst!« − »Ich will, daß du mir glaubst!«).

Wir unterscheiden die *funktionale* Kommunikation (Informationsweitergabe, -entgegennahme und -verarbeitung) von der *personalen* (Kontaktvergewisserung, Selbstdarstellung, versteckte Appelle). Obschon *stets* in kommunikativen Szenen sich Wesentliches auf dem personalen Level abspielt, wird es nicht selten funktional maskiert. Obschon dieses Buch eine Form der Kommunikation behandelt, die das Ziel hat, kommunikativ Rationalität zu mehren und zu entwickeln und dabei auch rationale Widerstände kreativ zu verarbeiten, sind in dialektischen Prozessen stets auch die personalen Schichten ernst zu nehmen und dürfen nicht als Störgrößen abgetan werden. Werden personalkommunikative Bedürfnisse und Darstellungen regelmäßig unterdrückt oder abgewiesen, hat dies nicht selten den Aufbau von Antipathiewiderständen zur Folge. Dialektik ist also keine Form bloß funktionaler Kommunikation, keine Objektivation bloß funktionaler Rationalität. Sie beansprucht den ganzen Menschen: Seine Rationalität, seine Kreativität, seine Sozialität.

In unserem Kulturkreis kommt in der standardisierten Kommunikation meist nur der zweite Level zum Ausdruck. Die anderen spielen im Untergrund. Das kann sehr viel Zeit kosten, weil keiner dem anderen mitteilt, was er *vor allem* will.

Bitte bedenken Sie Situationen, in denen Kommunikation suboptimal verlief, weil Sie die eigenen personalen kommunikativen Bedürfnisse oder die der anderen entweder nicht erkannten oder nicht sinnvoll darauf eingingen.

In Seminaren wird immer wieder die Frage gestellt, wie man denn den Widerstandstyp (zweite Regel des Platon) oder die primär intendierte kommunikative Schicht des Partners (dritte Regel des Platon) erkennen könne. Diese Frage ist nicht mit dem Hinweis auf Patentrezepte zu beantworten.

Antipathie- und emotionale Widerstände sind wie auch ein Verfehlen der primär intendierten kommunikativen Schicht aus dem Ausdrucksverhalten des Partners zu erheben. Menschen, die sich nicht wohl fühlen, wählen größere Distanzen und modulieren zumeist flacher. Bemerken Sie solche Änderungen im Ausdrucksverhalten Ihres Partners, dürfen Sie auf Widerstände oder Unzufriedenheit mit dem Gesprächsverlauf zurückschließen.

Da ein aktives Training des situativen eigenen Ausdrucksverhaltens etwa in Seminaren zur »Körpersprache« ein grober Kunstfehler ist, da es die Spontaneität des Ausdrucks mindert und dem Partner verfälschte Signale über die kommunikative Situation gibt, ist eine wirksame Sensibilisierung nur durch häufiges Hinhören und Zuschauen zu erreichen. Gute Schauspieler »sprechen« deutlich über den verbalen und somatischen Ausdruck. Dabei wird erkennbar, daß etwa fünfzig Prozent der kommunikativen Botschaft über den Ausdruck vermittelt werden. In der Regel nehmen wir die Botschaft des Ausdrucks unbewußt wahr. Es kann jedoch nützlich sein, einige wichtige Botschaften des *fremden* Ausdrucks bewußt zu erkennen. Hierher gehören vor allem Veränderungen des Distanzverhaltens und der Modulation der Stimme.

Dennoch gibt es einige Regeln, die notwendigerweise beobachtet werden müssen, wenn es darum geht, die emotionale Sphäre des Partners zu erreichen. Sie seien hier aufgelistet:

○ Die Ansprache muß auf ein vorhandenes oder gewecktes Bedürfnis treffen.

○ Die Ansprache muß im sprachlichen Horizont des Partners geschehen. Dabei gilt es, Worte zu vermeiden, die vom Partner emotional negativ besetzt sind.

○ Die Ansprache muß im Wir-Feld (also in Koordination) und nicht im Ich-Du-Feld (Subordination) erfolgen.

○ Der Ansprechende darf beim Zuhören kein Verhalten zeigen, das der Sprechende nicht mit der Situation des Hörens verbinden kann (Wippen mit den Beinen, Spielen mit dem Bleistift, Unter-die-Decke-Schauen).

○ Die Ansprache muß Angst-, Scham-, Schuldgefühle oder geminderte Selbstachtung abbauen oder doch für den Angesprochenen sinnvoll mit diesen Gefühlen umgehen.

○ Der Angesprochene muß das Gefühl haben, ernst genommen und für wichtig gehalten zu werden. Dieses Gefühl ist nur zu vermitteln, wenn der Ansprechende seinen Partner ernst nimmt und für wichtig hält.

○ Das Gespräch muß den Eindruck vermitteln, daß es auf ein für beide erwünschtes Ziel ausgerichtet ist.

○ Um glaubwürdig zu wirken, muß beim Ansprechenden das, was er sagt, mit dem, wie er es sagt (dem sprachlichen und körperlichen Ausdruck), übereinstimmen.

Um diese erste Regel zu verdeutlichen, sei hier ein Katalog der wichtigsten psychischen und psychosozialen Bedürfnisse vorgestellt:

	narzißtische	soziale	erotische	aggressive
Erhaltungsbedürfnisse	Macht, Geltung, Selbstachtung	Anerkennung, Geborgenheit, Dazugehören	Freundschaft, Kameradschaft, Liebe	Sieg, Kampf, Streit, Rechthaberei
Entfaltungsbedürfnisse				

Können primäre oder sekundäre Bedürfnisse über lange Zeit durch psychische und/oder soziale Blockaden nicht befriedigt werden, beispielsweise wenn ein bewußtes und in die psychische Struktur eingebautes Verzichten (Sublimation) nicht gelingt, werden in der Regel *kompensatorische Bedürfnisse* entwickelt. Es kommt zur Ausbildung von nekrophilen (lebensmindernden) Gewohnheiten, die das Befriedigungsdefizit kompensieren sollen. Sie sind insoweit neurotisch, als dieses Ziel nie erreicht wird. Zu solchen Kompensationen zählen etwa: Konsumsucht, Arbeitssucht (Flucht in die Aktivität), aber auch übermäßiger Alkoholkonsum und der Drang, gegen jede Notwendigkeit schnell Auto zu fahren.

Die folgenden Kapitel stellen die drei Grundtechniken der Dialektik vor:
○ Konsensbildung und/oder Problemlösung über Bedingungen,
○ Überprüfen der Bedingungstafeln durch Arborisieren (was vor allem dann unverzichtbar ist, wenn man mit den Methoden der Dialektik Probleme lösen will),
○ Konsensbildung und/oder Problemlösungen über Begründungen.
Sie werden vertraut gemacht mit Kulturtechniken, die mit der Renaissance verlorengegangen sind. Erst in einer Zeit, die Personalität in gleicher Ursprünglichkeit von Individualität wie von Sozialität her definiert, werden wichtige Sozialtechniken der Vergangenheit eine realistische Chance haben, wiederaufgegriffen zu werden.

I. Kapitel

Die Konstruktion von Bedingungskatalogen als Grundlage jeder dialektischen Technik, Konsens herzustellen

Die Technik, Bedingungskataloge zusammenzustellen, um einen vorhandenen Konsens auszumachen oder einen nicht vorhandenen herzustellen, ist uralt. Die antike und mittelalterliche Dialektik sprach von der Kunst, »Fahnen« zu konstruieren (*ars construendi vexilla*). Sie besteht darin, *notwendige* Bedingungen für eine bejahende Antwort auf eine Frage, für einen Problemlösungsvorschlag, für eine Entscheidung in möglichst konsensfähiger Form aufzulisten.

Die Liste sollte möglichst alle notwendigen Bedingungen enthalten, so daß, wenn sie alle erfüllt sind oder mit einem sinnvollen Aufwand erfüllt werden können, die Frage, der Vorschlag, die Antwort, insoweit rational abgehandelt, bejaht werden können. Gelingt es einem Katalog alle notwendige Bedingungen zu erzeugen, ist eine wesentliche Voraussetzung erfüllt, ein Problem rational zu lösen.

Schon die antike Dialektik wußte darum, daß *Kompromisse* in aller Regel suboptimale Lösungen darstellen. Sie entwickelte deshalb folgendes Verfahrensschema:

○ Es ist der Basiskonsens festzustellen.
○ Über den verbleibenden Dissens wird mit dem Willen, Konsens zu erzielen, diskutiert.
○ Es wird der Diskussionskonsens festgestellt.
○ Der verbleibende Dissens, sofern er nicht dogmatischen Quellen entsprudelt, wird festgestellt. Meist handelt es sich um verschiedene Prioritätssetzungen innerhalb einer Güterabwägung oder um unterschiedliche Umwelterwartungen im Bereich von Entscheidungen unter Unsicherheit.
○ Es wird ein Kompromiß angestrebt.

In den weitaus meisten Fällen wird spätestens nach der Diskussion Konsens festgestellt werden können. Eine Kompromißlösung anzustreben, ist also überflüssig.

Die Methode, den Basiskonsens zu konstatieren und den Diskussionskonsens in den Bedingungstafeln herzustellen, soll hier an allgemein gehaltenen Beispielen vermittelt und gelehrt werden, denen eventuell notwendige theoretische Überlegungen folgen werden. Nicht wenige Fälle behandeln Fragen unternehmerischer Ethik und können insofern die in »Ethik für Manager« vorgestellten Gedanken vertiefen. Wenn Sie die Technik beherrschen, können Sie sie unschwer auch auf die typischen Entscheidungssituationen Ihres Unternehmens anwenden.

Alle unsere Beispiele wurden im Verlauf von Dialektik-Seminaren von den Teilnehmern so bearbeitet wie hier vorgestellt. Nur offensichtliche Fehler wurden berichtigt. Die anfallenden Definitionen weichen jedoch mitunter erheblich von denen der Teilnehmer ab, da es darauf ankam, die Hintergrundsethik und -philosophie einigermaßen konsistent zu halten.

1. Die Listung notwendiger Bedingungen

Zunächst soll die einfachste Form, über gemeinsamen Erkenntnisfortschritt Konsens zu erzielen, vorgestellt werden. Sie besteht im Auflisten *notwendiger Bedingungen,* die erfüllt sein müssen, damit jeder einzelne Teilnehmer der vorgeschlagenen Problemlösung zustimmen kann *(quaestio iuris).* Diese Listen nannte die römische Dialektik *Fahnen.* Ist eine solche Fahne konstruiert, wird gefragt, ob die genannten Bedingungen erfüllt sind oder mit sinnvollem (dem Problem angemessenen) Aufwand erfüllbar gemacht werden können *(quaestio facti).* Diese beiden Schritte sind sorglichst voneinander zu trennen. Dabei ist zu beachten, daß die Erzeugung von konsensfähigen Bedingungen soziale und fachliche Kreativität freisetzt und entwickelt. Ist ein Teilnehmer mit einer Bedingung nicht einverstanden, wird er sich um eine konsensfähige Neuformulierung bemühen.

Ich will das, was hiermit gemeint ist, an einem Beispiel erläutern:

1. Beispiel: Tierexperimente in der Pharmaindustrie

Das zu lösende Problem lautet: Soll die Pharmaindustrie die Wirksamkeit chemischer Substanzen, die als Medikamente für den Menschen in Frage kommen, zuvor am tierischen Organismus überprüfen?

Aus den abgegebenen Statements pro und contra läßt sich etwa folgende Fahne konstruieren:

Tierexperimente *ja, nur dann, wenn* . . .

so Überprüfungen der Wirkungen am menschlichen Organismus ersetzt werden können (a),

die erwarteten Medikamente für Menschen lebenswichtig sind (b),

die Anzahl der Tierversuche so gering wie möglich gehalten werden kann (c),

kein Tier vermeidbare Schmerzen erleidet oder erleiden könnte (d),

keine »Fangtiere« eingesetzt werden (e),

keine Medikamente mit ähnlicher Wirkung schon entwickelt wurden (f).

Nun wäre denkbar, daß ein Diskussionsteilnehmer alle Tierversuche grundsätzlich mit der Begründung ablehnt, daß Individuen einer biologischen Gattung nicht das Recht hätten, über Leben und Gesundheit von Individuen einer anderen Gattung (etwa der der Mäuse) zu verfügen, indem sie sie zum bloßen Mittel seines Nutzens machen. Die Ehrfurcht vor dem Leben sei ein höheres Gut als neuentwickelte Medikamente.

Wir nennen Menschen, die eine Problemlösung *prinzipiell* unter glaubhafter Berufung auf ihr Gewissen ablehnen oder als unverzichtbar fordern, »Gewissensdogmatiker«. Sie sind sehr wohl zu unterscheiden von denen, die sich nicht auf ihr Gewissen, sondern ausschließlich oder doch vorwiegend auf Vorurteile berufen (»Das kann nicht gutgehen!« – »Das haben wir noch nie gemacht!« – »Das ist nicht unser Stil!« – »Das ist doch Unsinn!« – »Das ist doch evident!«) »Vorurteilsdogmatiker« – oder einfach: »Dogmatiker«.

Der erwähnte grundsätzliche Einwand gegen Tierversuche kommt offensichtlich von einem »Gewissensdogmatiker«. Deshalb ist seine Position unbedingt zu achten und ernst zu nehmen. Er schließt sich jedoch aus dem Fortgang des Diskurses aus, wenn für ihn ein *gemeinsamer Erkenntnisfortschritt,* der auch immer die Möglichkeit der Aufgabe der eigenen Position einschließt, nicht akezptabel zu sein scheint. Wohl aber kann er sich bereit erklären, beim weiteren Verfahren mit Rat und Tat zu helfen. Eine solche Einstellung sollte vom Leiter gefördert werden.

In einem weiteren Schritt ist dann zu prüfen, ob in einem bestimmten im Pharmabereich forschenden Unternehmen diese Bedingungen erfüllt sind oder mit zumutbarem Aufwand erfüllbar gemacht werden können. Für die meisten forschenden Pharmaunternehmen dürften diese Bedingungen erfüllt oder erfüllbar sein.

Die Problemlösung lautet also: Sind die genannten Bedingungen erfüllt, sind Tierversuche ethisch erlaubt. Das heißt: Nach den Regeln der Ethik kann ein Mensch zu dem verantworteten Urteil kommen, sie seien vertretbar und gerechtfertigt. (Ein anderer Teilnehmer mag sogar zu dem Schluß kommen, daß sie, wenn die erwähnten Bedingungen erfüllt sind, geboten oder gefordert seien.)

Dieses Beispiel zeigt, daß es nahezu unerheblich ist, ob ein Teilnehmer sein Statement mit einem Pro oder Contra beginnt. Die Befürwortung einer These (einer Problemlösung) oder deren Ablehnung läßt sich *niemals* auf der Ebene der These abklären, sondern nur auf der der Bedingungen (oder, wie wir noch sehen werden, auf der der Begründungen).

Dieses Beispiel zeigt aber auch, daß dogmatische Positionen nicht in den Diskurs einbezogen werden können. Es ist zu bedenken, daß »Vorurteilsdogmatiker« noch niemals realisierten:

○ daß aus der Tatsache, daß eine Überzeugung unzweifelhaft gewiß ist, nicht folgt, daß sie Realität betrifft (Dichotomie des Sokrates für alle nicht unmittelbare Erfahrungen betreffende Überzeugungen),

○ daß nahezu alle Entscheidungen über komplexe Sachverhalte Entscheidungen unter Unsicherheit sind (wir also deren Wirkungen nie zureichend vollständig vorhersehen können).

Um Dogmatisierungen möglichst auszuschließen, empfiehlt es sich, die Statements mit der Formel zu eröffnen: »*Nach dem jetzigen Stand meines Wissens neige ich zu folgender Lösung (Meinung, Ansicht):*« Diese Formel gibt den tatsächlichen Stand unseres von Vorurteilen oder Lebenslügen nicht verstellten Verstandes wieder, der darum weiß, das unsere Erkenntnis niemals frei sein wird von möglicher Täuschung und unser Wissen niemals von möglichem Irren.

Entscheidungstheoretisch formuliert, heißt das: Alle unsere Entscheidungen von einiger Erheblichkeit sind solche, die unter Unsicherheit getroffen werden, da wir (a) niemals alle möglichen zukünftigen Umweltzustände vorhersehen können, in die hinein die Folgen unserer Entscheidung spielen, und wir (b), selbst wenn solches möglich wäre, niemals alle möglichen Handlungsfolgen überschauen können, da die Welt, in die hinein wir handeln (etwa die ökonomische), viel zu komplex ist, als daß wir sie rational erfassen könnten. Für eine Ethik-Theorie hat das die Folge, daß wir dann ethisch verantwortet handeln, wenn wir alle vorhersehbaren Folgen bedacht haben und uns, in dem Umfange, wie es unsere intellektuelle Kapazität erlaubt, über die ökonomischen, politischen und sozialen Regeln kundig gemacht haben, die durch unser Handeln aktiviert werden. Schon ein gelegentlicher Verzicht auf die Wissensstand-Formel (oder entsprechende Formulierungen) führt über Mechanismen der Autosuggestion zu dogmatischen Positionierungen.

Der einzige Fall, in dem eine Dogmatik redlich vertreten werden kann, ist der des vor dem Anspruch einer begründeten Ethik-Theorie und zureichendem Sachwissen verantworteten Gewissensurteils. Ein Mensch kann aufgrund seiner vor dem Anspruch von Realität verantwortet übernommenen handlungsleitenden Werte zu einem *ihn unbedingt bindenden Werturteil* kommen. Dieses bindet aber nicht auch andere Menschen.

Um ein Problem zu lösen, muß die Menge der in der Fahne aufgelisteten notwendigen Bedingungen zu einer »praktisch hinreichenden« werden. Es kommt also darauf an, den Katalog der notwendigen Bedingungen möglichst vollständig zu generieren. Ein Instrument, die Vollständigkeit oder Substituierbarkeit der Bedingungen zu überprüfen, werden wir im folgenden Kapitel (Arborisierung) kennenlernen.

Es ist *dringend* zu empfehlen, daß Sie sich an dieser Stelle mit der Logik von Bedingungssätzen vertraut machen. Sie finden sie im Anhang zusammengestellt.

Fahnen mit notwendigen Bedingungen lassen sich in solche von hinreichenden Bedingungen konvertieren, wenn man das Thema negativ formuliert und die Bedingungen negiert. Das mag am ersten Beispiel demonstriert werden:

Keine Tierexperimente *immer dann, wenn* . . .
    Überprüfungen der Wirkungen am menschlichen Organismus nicht ersetzt werden können (a),
    die erwarteten Medikamente nicht lebenswichtig sind (b),
    die Anzahl der Tierversuche nicht möglichst gering gehalten werden kann (c),
    Tiere vermeidbare Schmerzen erleiden oder erleiden könnten (d),
    »Fangtiere« eingesetzt werden (e),
    Medikamente mit ähnlicher Wirkung schon entwickelt wurden (f).

Ist eine einzige Bedingung erfüllt, sind Tierexperimente nicht gestattet, da es sich hierbei um eine Oderkette handelt.

Eine Kettung notwendiger Bedingungen mittels einer Fahne kann auch beim Auffinden oder Darstellen von *Definitionen* recht hilfreich sein. Das mag folgendes Beispiel, bei dem es um die Definition von »vollkommenem Markt« geht, veranschaulichen:

Ein vollkommener Markt besteht *nur dann, wenn* . . .
    die gehandelten Güter homogen sind (a),
    keine Transportkosten anfallen (der Markt räumlich unausgedehnt ist) (b),
    die Marktteilnehmer sich unendlich schnell auf Veränderungen von Mengen und Preisen einstellen (c),
    alle Marktteilnehmer nach dem Erwerbsprinzip handeln (d),
    keine Interaktionskosten anfallen (e).

Auf einem vollkommenen Markt herrscht zu jedem Zeitpunkt nur ein Marktpreis für alle Güter. Sind zudem potentiell unendlich viele gleich starke Anbieter und Nachfrager am Markt, spricht man von »vollkommener Konkurrenz«.

Für unsere Überlegungen mag es interessant sein, daß das Modell vom »vollkommenen Markt«, das einmal hilfreich war, marktwirtschaftliche Prozesse zu deuten, unter dem Begriff »ideale Kommunikationsgemeinschaft« bei einigen Autoren (etwa Jürgen Habermas) eine ähnliche Bedeutung für die Diskurstheorie erlangte, um interaktionelle Prozesse und Abläufe in Sprachspielen zu deuten. Wie eine konkrete marktwirtschaftliche Ordnung als Versuch beschrieben werden kann, den vollkommenen Markt zu zerstören, so kann man die Abläufe in konkreten Kommunikationsgemeinschaften als den Versuch deuten, die ideale Kommunikationsgemeinschaft zu zerstören.

Eine Definition der »idealen Kommunikationsgemeinschaft« mag etwa durch folgende Fahne erfolgen:

Eine vollkommene Kommunikationsgemeinschaft besteht *nur dann, wenn* . . .

die behandelten Informationen homogen sind (einem Sprachspiel zugehören) (a),

der Informationstransfer prinzipiell ohne kommunikativen Aufwand möglich ist (b),

die Kommunikationspartner sich unendlich schnell auf neue Informationen einstellen (c),

die Kommunikationspartner sich bedingungslos kommunikativer Rationalität unterwerfen (also keine Gewalt anwenden, ausschließlich die besseren Argumente gelten lassen) (d).

Wir verzichten im folgenden bewußt darauf, unsere Diskurstheorie von diesem abstrakten Modell her zu entwickeln, sondern gehen von tatsächlichen kommunikativen Situationen aus.

2. Die Rolle von Definitionen bei der Konsensbildung

In einem Diskurs ist es unverzichtbar, prüfen zu können, ob alle Teilnehmer über denselben Sachverhalt sprechen. Dieses Feststellen geschieht über Definitionen. Dabei ist es nicht notwendig, daß diese den strengen Ansprüchen einer wissenschaftlichen Begriffsbestimmung genügen. Es muß nur sichergestellt werden, daß alle Teilnehmer am Diskurs über wenigstens angenähert dieselben semantischen Bedeutungen verfügen. Dieser Zusammenhang soll wieder an einem Beispiel veranschaulicht werden.

2. Beispiel:
Ist ein kapitalistisches Wirtschaftssystem gerecht?

Diese Problemstellung soll demonstrieren, wie wichtig die Definition der in der Frage (die ein Problem, eine Aufgabe zur Prüfung vorstellt) auftauchenden Begriffe ist. Wird auf solche Definitionen verzichtet, können Statements oft nicht aufeinander bezogen werden. Es werden massive und kaum überwindbare Scheinwidersprüche auftauchen, da ein jeder über etwas anderes redet. In unserem Fall sind die Begriffe »gerecht« und »kapitalistische Wirtschaftsordnung« *unbedingt* zu definieren, da sie in der Umgangssprache keine (oder allenfalls eine äußerst verwaschene und nicht in einer zureichenden Definition entfaltbare) semantische Bedeutung haben, sondern allenfalls eine emotionale (in der Begriffsverwendung werden Emotionen und nicht Informationen transportiert) oder funktionale (mit der Begriffsverwendung werden etwa ideologische oder demagogische Strategien realisiert).

Definitionen lassen prinzipiell einigen Spielraum zu. Sie müssen jedoch einige Bedingungen erfüllen:

○ Sie dürfen nicht zirkulär sein (im Definiens darf nicht der zu bestimmende Begriff wiederauftauchen; eine zirkuläre Definition von »Freiheit« wäre etwa: »Meine Freiheit ist immer auch die Freiheit des anderen«).

○ Die Bedeutung eines definierten Begriffs muß, wenn er in der Umgangssprache vorkommt, auch in der Nähe der umgangssprachlichen Bedeutung liegen (die definierte Bedeutung darf nicht willkürlich sein; eine Willkürdefinition von »Wahrheit« wäre etwa: »Wahr ist eine Aussage, wenn sie als zutreffend akzeptiert wird«, während die Umgangssprache eine Aussage genau dann für wahr hält, wenn der von ihr bezeichnete Sachverhalt in Realität so ist).

○ Die Definition darf nicht werten (im Definiens dürfen keine Wertworte vorkommen; eine wertende Definition von »Faschismus« wäre etwa: »Faschismus ist eine menschenverachtende Ideologie, die auf Rassismus und Nationalismus aufbaut«, während die Definition »Faschismus ist die Eigenschaft eines sozialen Systems, das sich selbst zum höchsten zu schützenden Gut macht« an sich wertfrei ist).

○ Die Definition sollte nicht a priori Sachverhaltsbereiche, in denen das zu definierende Wort im allgemeinen Verständnis spielt, unnötig aus dem Bedenken ausklammern. Eine unzulässig beschränkende Definition von »Gleichheit« läge etwa vor, wenn bestimmt würde: »Gleichheit ist der Anspruch aller Menschen auf richterliche Gleichbehandlung.«

Definitionen zum 2. Beispiel

Formal »gerecht« ist ein soziales System oder sind die Strukturen eines sozialen Systems (etwa der Staat, ein Unternehmen, eine Familie) genau dann, wenn es:

○ einem jeden sein Recht zuteil werden läßt, mag das Recht aufgrund von Handlungen, durch Gesetze oder als Grundrecht erworben sein, mag es in einem Rechtsanspruch gründen, den einzelne oder untergeordnete soziale Systeme gegen es oder gegeneinander haben, und

○ soziale und wirtschaftliche Ungleichheiten Vorteile für jedermann bedeuten – vor allem für die sozial und wirtschaftlich Schwächsten.

Ein *»kapitalistisches Wirtschaftssystem«* ist ein (privat- und marktwirtschaftliches) Wirtschaftssystem, in dem aus dem Eigentum an Produktionsmitteln Verfügungsrechte über den Einsatz der Produktionsmittel und die Verwendung des Gewinns hergeleitet werden und die Abläufe makroökonomischer Wirtschaftsprozesse in der Regel nicht zentral geplant werden.

Eine mögliche These in diesem Zusammenhang könnte lauten:

Ein kapitalistisches Wirtschaftssystem ist *nur dann* (formal) gerecht, *wenn:*

○ es Gesetzesgerechtigkeit (es werden Rechte zuerteilt, die durch Gesetze festgelegt sind) verteidigt und übt,

○ es Vertragsgerechtigkeit (es werden Rechte zuerteilt, die durch Verträge erworben wurden) verteidigt und übt,

○ es Verteilungsgerechtigkeit (es werden verteilbare Güter angemessen verteilt) verteidigt und übt,

○ es Grundgerechtigkeit (es werden Menschenrechte zuerkannt und in ihrer Ausübung nicht unzulässig behindert) verteidigt und übt,

○ soziale und ökonomische Ungleichheiten allen, vor allem aber den ökonomisch und sozial Schwachen, nutzen.

Dieses Beispiel zeigt, daß eine gute Definition die Elemente der Bedingungskette schon festlegen kann. In unserem Fall wird nur der Inhalt von »gerecht« ausgefaltet. Das aber bedeutet, daß die Fahne für jedes soziale System, dessen (formale) Gerechtigkeit geprüft werden soll, anwendbar ist.

In einem nächsten Schritt ist zu prüfen, ob die Bedingungen in einem *konkreten* kapitalistischen Wirtschaftssystem (wenigstens strukturell) erfüllt sind. Prüfen wir einmal die wirtschaftlichen Bedingungen der Bundesrepublik Deutschland. Zunächst ist zu fragen: Erfüllen sie die Bestimmungen eines kapitalistischen Systems? Die Frage ist eingeschränkt zu bejahen. Im Regelfall (strukturell) liegt das Eigentum an Produktionsmitteln (Arbeitskraft, Rohstoffe, Maschinen, Gebäude) in den Händen der Eigentümer des Produktionsmittels »Kapital«, die daraus das Recht herleiten, über den Einsatz dieser Mittel und die erwirtschafteten Bilanzgewinne mittelbar oder unmittelbar zu verfügen. Ferner werden makroökonomische Wirtschaftsprozesse (strukturell) in der Regel nicht zentral geplant, wenn auch die Subventions- und Geldpolitik ein erhebliches planendes Instrument darstellt.

Anschließend ist zu fragen, ob die Gerechtigkeitsbedingungen erfüllt sind. Auch diese Fage wird mit Einschränkungen zu bejahen sein, obschon diese die Erfüllung aller Bedingungen betreffen, scheint vor allem die der letzten problematisch, denn die marktwirtschaftliche Ordnung bringt sicherlich ein erhebliches Maß an sozialer und wirtschaftlicher Ungleichheit hervor. Auf der anderen Seite nutzt sie aber auch den sozial und wirtschaftlich Schwachen, insofern sie

○ über die Konkurrenz der Anbieter den Konkurrenzdruck auf die Seite des (strukturell) in der Regel sozial und wirtschaftlich stärkeren Anbieters legt und

○ wegen ihrer tendenziellen Überproduktion für eine optimale Versorgung des sozial und ökonomisch Schwachen mit Gütern zu erschwinglichen Preisen sorgt.

Zusammenfassend ist zu sagen, daß das Wirtschaftssystem der Bundesrepublik im wesentlichen formal gerecht ist und die bestehenden Ungerechtigkeiten nicht vorwiegend im System als solchem und seinen Strukturen begründet liegen, sondern im Mißbrauch des Systems oder der Strukturen durch einzelne Vertreter des makroökonomischen Systems (etwa einiger Politiker) oder der mikroökonomischen Systeme (mancher Unternehmer).

3. Die Analyse von Statements bei der Konstruktion von Fahnen

Die meisten Beiträge in Diskussionen (Konferenzen, Sitzungen) werden, zumindest von dialektisch ungeschulten Teilnehmern, nicht in Bedingungsform vorgetragen. Zudem werden zumeist Bedingungen implizite als erfüllt oder als nicht erfüllbar behauptet.

Andererseits *muß* der (geschulte) Leiter einer Diskussion eine Fahne aus den unstrukturierten Beiträgen erstellen, um festzustellen, in welchen Punkten − nach Abgabe aller Statements − Basiskonsens besteht. Erkennt er das nicht, wird er nicht selten über nicht strittige Inhalte so lange diskutieren lassen, bis der Konsens zerstört ist. Das aber ist zweifelsfrei suboptimal.

3. Beispiel:
Geschwindigkeitsbeschränkungen auf Autobahnen

Wir wollen das Problem an der Frage entwickeln: Soll für nicht abgasentgiftete Autos eine Geschwindigkeitsbeschränkung auf Bundesautobahnen eingeführt werden? Die Skizze gibt den Verlauf einer tatsächlichen Diskussion wieder. Die Teilnehmer trugen folgende Statements vor:

O Eine solche Geschwindigkeitsbeschränkung ist ganz unsinnig, weil sie nicht zu kontrollieren ist. Zudem greift der Staat in bestehende Rechte ein.

O Ich bin gegen eine solche Geschwindigkeitsbegrenzung, weil damit die Umweltbelastung mit Schadstoffen um allenfalls zwei Prozent gemindert wird. Das aber ist unerheblich.

O Ich bin für eine Geschwindigkeitsbeschränkung, weil sie das Umweltbewußtsein der Bevölkerung stärkt. Zudem gibt es dann auch weniger Todesfälle auf der Autobahn.

O Ich bin gegen eine Geschwindigkeitsbeschränkung, weil sie die Fahrer von schnellen Personenwagen benachteiligt und zudem zu zusätzlichen Staus führt.

O Ich bin für eine Geschwindigkeitsbeschränkung, weil sie die Einführung von abgasentgifteten Autos beschleunigt.

Auf den ersten Blick scheinen sehr verschiedene und einander widersprechende Statements vorgetragen worden zu sein. Erstellt nun der Leiter eine Fahne, kommt er zu folgendem Ergebnis:

These: Die Geschwindigkeit von nicht abgasentgifteten Autos auf den Autobahnen soll *nur dann* beschränkt werden, *wenn* . . .

sie kontrolliert werden kann (a),

der Staat nicht in bestehende Rechte eingreift (b),

die Schadstoffbelastung umweltrelevant dadurch gesenkt wird (c),

die Beschränkung das Umweltbewußtsein der Bevölkerung stärkt (d),

die Beschränkung die Fahrer stärkerer PKWs nicht benachteiligt (e),

die Beschränkung nicht zu zusätzlichen Staus führt (f),

die Beschränkung die Einführung entgifteter Autos beschleunigt (g),
die Beschränkung zu einer Minderung der Schadstoffemissionen führt (h).

Der Leiter kommt zu dem Schluß, daß auf der Ebene der Bedingungen offensichtlich Konsens besteht. Ferner sind unstreitig die Bedingungen (d), (g) und (h) erfüllt. Er läßt also nur die Frage diskutieren, ob die übrigen Voraussetzungen mit sinnvollem Aufwand erfüllbar gemacht werden können.

○ Die Diskussion der Bedingung (a) führt zu dem Ergebnis, daß sie mit sinnvollem Aufwand erfüllbar ist, wenn etwa deutsche abgasentgiftete PKWs ein grünes Kennzeichen erhalten und ausländische eine große nicht ablösbare Vignette.

○ Die Diskussion der Bedingung (b) führt zu dem Ergebnis, daß der Staat sehr wohl in bestehende private »Rechte« eingreifen kann, wenn anders das Gemeinwohl erheblich gefährdet ist. Ob das der Fall ist, hängt von der Erfüllung von (c) ab.

○ Die Diskussion der Bedingung (c) führt zu dem Ergebnis, daß die Erfüllbarkeit dieser Bedingung nicht zu entscheiden ist, weil wir nicht wissen, wieviel Schadstoffe die Umwelt, ohne Schaden zu nehmen, verarbeiten kann (»neutraler Sockel«). Eine Senkung der Belastung mit Stickoxyden um zwei Prozent könnte unter Umständen dreißig Prozent der den Sockel übersteigenden Belastung ausmachen. Dann wäre die Bedingung (c) erfüllt.

○ Die Diskussion der Bedingung (e) führt zu dem Ergebnis, daß die Benutzer PS-stärkerer Wagen nicht benachteiligt würden, wenn die Geschwindigkeitsbeschränkung nur für neu zugelassene PKWs gelten sollte. Jeder Käufer weiß dann, wenn er ein nicht entgiftetes Auto kauft, daß er an die Geschwindigkeitsbeschränkung gebunden ist.

○ Die Diskussion der Bedingung (f) führt zu dem Ergebnis, daß eine Geschwindigkeitsbeschränkung zwar die Menge der sich auf der Autobahn aufhaltenden Autos vermehrt, jedoch andererseits die Sicherheitsabstände überproportional gesenkt werden könnten, so daß − die Einhaltung der Sicherheitsabstände durch die

Fahrer vorausgesetzt – die Aufnahmekapazität insgesamt größer würde und damit Staus seltener oder unwahrscheinlicher. Ergebnis: Die Gruppe einigte sich darauf, daß – wegen der Unentscheidbarkeit von (c) – die Frage nicht zwingend mit Ja oder Nein beantwortet werden könne. Da jedoch eine erhebliche Senkung des Schadstoffausstoßes jenseits der Sockelgrenze nicht ausgeschlossen werden kann, sei, bei einer verantworteten Abwägung von Nutzen und Schaden, dem Gesetzgeber die Einführung einer Geschwindigkeitsbeschränkung auf Bundesautobahnen zu empfehlen.

Das Beispiel macht deutlich, daß zumindest der Leiter einer Diskussion über Techniken verfügen muß, um den Konsensbereich festzustellen und den Dissensbereich exakt zu formulieren. Wünschenswert wäre es, wenn alle Teilnehmer die Technik der Fahnenkonstruktion beherrschen würden. Sie könnten sich dann so vorbereiten, daß jeder Teilnehmer seine *notwendigen Bedingungen* nennt, so daß nach Aufzeichnen der Fahne sofort versucht werden kann, die Bedingungen konsensfähig zu formulieren und ihre Erfüllbarkeitsbedingungen zu diskutieren.

4. Die Konversion hinreichender in notwendige Bedingungen

Nicht selten werden nicht notwendige Bedingungen aufgelistet, sondern hinreichende. Im einfachsten Fall handelt es sich dabei um eine Aneinanderreihung von ausschließlich hinreichenden Bedingungen. Tauchen notwendige und hinreichende Bedingungen gemischt auf, kann die Aufgabe, eine einwandfreie Fahne zu konstruieren, schwierig werden.

Behandeln wir zunächst den Fall einer Listung ausschließlich hinreichender Bedingungen.

4. Beispiel:
Über die Stabilität eines faschistischen Systems

Zunächst müssen die Begriffe »stabil« und »faschistisch« definiert werden:

Stabil ist ein soziales System genau dann, wenn seine Strukturen an die aus der inneren und äußeren Umwelt auf es einströmenden Informationen angepaßt werden können. (*Ultrastabil* wäre ein soziales System, wenn es mit seinen verschiedenen Umwelten einen Regelkreis bildet, der es bei angemessener Verzögerung erlaubt, daß die Informationen des Systems an die Umwelt und die der Umwelt an das System so verarbeitet werden, daß sich beide aneinander anpassen. Ein ultrastabiles System ist auch grundsätzlich und immer stabil.) Wir handeln hier also nicht über stabile Gleichgewichtszustände im Sinne einer makroökonomischen Modelltheorie. *Faschistisch* ist ein politisches System, das sich aufgrund seiner Strukturen selbst zum höchsten zu schützenden Rechtsgut macht. Ein System, das nur gelegentlich und unter erheblicher Bedrohung vorübergehend faschistisch agiert, ist somit nicht als faschistisches System zu bezeichnen.

Ein faschistischer Staat ist stabil *immer dann, wenn . . .*
   eine starke Militärmacht die Stabilität sichert,
   eine allmächtige Partei für Stabilität sorgt,
   keine attraktivere Alternative zur Verfügung steht,
   sehr viele Bürger faschistische Ideale (wie Nationalismus, Kollektivismus) internalisiert haben,
   eine politische oder militärische Bedrohung des Staatsvolkes oder des Staatsgebietes nur durch das System erfolgreich abgewendet werden kann.

Konvertieren wir nun die Fahne in eine solche mit notwendigen Bedingungen. Dazu ersetzen wir die These durch ihre (kontradiktorische) Negation und die Bedingungen durch ihr Gegenteil. Wir erhalten:

Ein faschistischer Staat ist nicht stabil *nur dann, wenn . . .*
   eine starke Militärmacht den faschistischen Staat ablehnt,
   keine allmächtige Partei für Stabilität sorgt,
   cine attraktivere Alternative zur Verfügung steht,
   sehr viele Bürger keine faschistischen Ideale (wie Nationalismus, Kollektivismus) internalisiert haben,

eine politische oder militärische Bedrohung des Staatsvolkes oder des Staatsgebietes durch das System nicht erfolgreich abgewendet werden kann.

Dieses ist eine Liste notwendiger Bedingungen für die Instabilität eines bestehenden faschistischen Staates. Ist eine der Bedingungen nicht erfüllt, kann ein solches System unter Umständen recht stabil sein. Sind aber alle Bedingungen erfüllt, ist es instabil.

Veranschaulichen wir uns den Sachverhalt einmal am »Dritten Reich« (das die Definition eines faschistischen Systems erfüllt). Das System wurde erst zu dem Zeitpunkt labil, als es (a) vom Heer abgelehnt wurde, (b) die NSDAP nicht mehr in der Lage war, die Stabilität (durch Terror) zu sichern, (c) die alliierte Propaganda in einem demokratischen System eine attraktive Alternative vorstellte, (d) die meisten Bürger von Nationalismus und Kollektivismus (»Du bist nichts, dein Volk ist alles!«) nichts mehr wissen wollten und (e) die militärische Bedrohung durch nichts mehr abzuwenden war. Alle diese Bedingungen, vor allem Bedingung (c), waren erst mit der Besetzung durch die alliierten Streitkräfte gegeben. Das System ließ sich also nur durch militärische Besetzung durch fremde Mächte labilisieren, nachdem am 20. 7. 1944 ein Staatsputsch, der auch die Bedingung (b) erfüllbar gemacht hätte, gescheitert war.

Nun folgt ein Beispiel mit einer Liste gemischter Bedingungen:

5. Beispiel:
Über die Stabilität eines kapitalistischen Systems

Da die Begriffe »stabil« und »kapitalistisches System« schon definiert wurden, können wir auf eine Bestimmung der Thesenbegriffe verzichten.

Ein kapitalistisches System ist stabil *dann, wenn* . . .
  es von der Mehrheit der Bevölkerung getragen wird (a),
  die Internalisierung nicht bestandsnotwendig ist (b),
  die sozialen und ökonomischen Ungleichheiten nicht destruktiv werden (c),
  die Bürger nicht auf die Dauer am System schmarotzen (d),

sekundäre Tugenden (wie Fleiß, Pünktlichkeit, Gehorsam) von der Mehrzahl befolgt werden (e),
es ökonomisch effizient ist (f),
es nicht politisch unterdrückt wird (g),
keine Alternativen zur Verfügung stehen (h),
zureichende Sozialleistungen gewährt werden (i).

Zunächst sind die in den Bedingungen auftauchenden Begriffe zu definieren. Wir wollen uns hier auf zwei beschränken:

Internalisiert wird ein soziales System von Personen, wenn diese sich seine Strukturen, das heißt seine Standards – dazu gehören (a) die Seinsstrukturen, die die systemgebundenen Interaktionen regeln (die Verhaltensnormen), und (b) die Bewußtseinsstrukturen, die von den Seinsstrukturen hervorgebracht wurden und sie stabilisieren (die Basic Beliefs, die systemtypischen Grundüberzeugungen und Werteinstellungen) – grundsätzlich zu eigen machen. Das Wort »grundsätzlich« schließt Ausnahmen im einzelnen nicht aus.

Ein *schmarotzendes Verhältnis* geht ein Mitglied (also ein Element der inneren Umwelt) eines sozialen Systems mit diesem System dann ein, wenn es von diesem Leistungen erwartet, aber nicht bereit ist, irgend etwas zum Systemerhalt beizutragen. Symbiotisch ist ein Miteinander von System und Mitglied, wenn dieses bereit ist, für die Vorteile, die die Systemzugehörigkeit ihm bietet, angemessene Gegenleistungen (etwa in Form von Steuern) zu erbringen.

○ Die Bedingungen (a), (b), (d) und (i) sind nützlich.
○ Die Bedingungen (c), (e) und (g) sind notwendig.
○ Die Bedingung (h) ist hinreichend.

Es kommt nun darauf an, die nützlichen und hinreichenden Bedingungen so zu formulieren, daß (a) ihr Gehalt nicht verlorengeht und es sich (b) um notwendige Bedingungen handelt. In einer Übungsdiskussion beispielsweise wurden folgende Neuformulierungen akzeptiert.

Ein kapitalistisches System ist stabil *dann, wenn . . .*
die Unzufriedenheit der Bürger nicht erheblich ist (a),
die Internalisierung nicht von der Mehrzahl verweigert wird (b),

die Strukturen des Systems bei in der Mehrzahl schmarotzenden Bürgern nicht auf Symbiose der Bürger mit dem System angelegt sind (d),
keine attraktiven Alternativen zur Verfügung stehen (h),
die Sozialleistungen innere politische Unruhen verhindern (i).

Die Transformation der nicht notwendigen Bedingungen ist deshalb einer Eliminierung vorzuziehen, insoweit diese Bedingungen wichtige Beiträge enthalten können, die nicht verlorengehen sollen. Kommt es doch darauf an, den Bedingungskatalog möglichst vollständig zu generieren, so daß die »Summe« aller notwendigen Bedingungen zu einer faktisch notwendig-hinreichenden wird. Ist er vollständig (wurde keine notwendige Bedingung ausgelassen), konnte ein *Problem gelöst* werden. Das heißt, sind alle Bedingungen erfüllt oder mit entsprechendem Aufwand zu erfüllen, ist die Frage rational vollständig (wenn auch unter Unsicherheit) beantwortet.

Die so modifizierte Fahne fand allgemeine Zustimmung, der Konsens wurde hergestellt.

In einem nächsten Schritt sind die Bedingungen auf ihre Erfüllung oder Erfüllbarkeit in einem konkreten kapitalistischen System zu prüfen. Angewandt auf das der Bundesrepublik Deutschland, ist zu konstatieren, daß zur Zeit alle Konditionen erfüllt sind. Es handelt sich also um ein stabiles ökonomisches System. Auf der anderen Seite werden jedoch auch die Gefahren erkennbar, die die Stabilität bedrohen könnten.

5. Das Splitting von Fahnen mit Bedingungen aus verschiedenen Sprachspielen

Nicht selten werden von den Teilnehmern einer Diskussion Beiträge vorgestellt, die auf sehr verschiedenen Ebenen handeln. So vermischen sich gelegentlich ökonomische und ethische Gesichtspunkte miteinander. Was soll mit einer solchen Fahne geschehen, deren Bedingungen aus verschiedenen Sprachspielen stammen? Das folgende Beispiel soll die anzuwendende Technik erläutern.

6. Beispiel:
Wie korreliert Unternehmenserfolg mit Dezentralisierung?

Unternehmenserfolg soll sich (bei gleichbleibender Bewertungspraxis nach dem Vorsichtsprinzip und gleichbleibender Abschreibungspraxis) am langfristigen Jahresüberschuß messen. *Dezentralisierung* meint (a) die Aufteilung von unternehmerischen Teilaufgaben (etwa Produktion, Verkauf, Marketing) auf verschiedene personell (und meist auch räumlich getrennte) Stellen (funktionelle Dezentralisierung) oder (b) eine Aufteilung in mehr oder minder voneinander unabhängigen Unternehmenssektoren etwa im Sinne einer Bildung von Filialketten oder der Gründung von Profit Centers (strukturelle Dezentralisierung). Im letzten Fall können innerhalb eines gewissen Rahmens eigene Strukturen (Interaktionsstandards und Grundüberzeugungen) frei ausgebildet werden, die an die spezifischen Vorgaben der inneren und äußeren Umwelt besser angepaßt sind als die eines Großunternehmens.

These: Der Unternehmenserfolg korreliert *nur dann* positiv mit Dezentralisierung, *wenn* . . .
langfristig eine höhere Kapitalrendite erwirtschaftet wird (a),
höhere Gewinn- und Fixkosten durch erhöhte Erträge wenigstens kompensiert werden (b),
die Arbeitsproduktivität steigt (c),
zwischen den dezentralisierten Stellen mit gleichen Funktionen kein destruktiver Wettbewerb stattfindet (d),
aufgrund der Dezentralisierung keine Arbeitsplätze verlorengehen (e),
das personale Leben der Mitarbeiter nicht gemindert wird (f),
makroökonomisch sich die Wettbewerbssituation nicht verschlechtert (g),
eine bessere Anpassung an die Umwelten gelingt (h).

Definition:
Kapitalrendite (return on investment) bezeichnet das Verhältnis des gesamten investierten Kapitals und des Umsatzes zum Gewinn.

Fixkosten sind in Geld bewertete Gütermengen, die nicht auf Veränderungen des Beschäftigungsgrades reagieren. Hierher gehören etwa Abschreibungen, Löhne für unkündbare Unternehmensangehörige. Gemeinkosten sind die im Unternehmen *anfallenden* Kosten, die nicht direkt in die Kostenträgerrechnung übernommen werden können (etwa Kosten für Verwaltung, Vorstand). *Arbeitsproduktivität* wird bestimmt durch den (erwarteten) Marktwert des Arbeitsprodukts, dividiert durch die Kosten des Arbeitsplatzes in einer zureichend großen Zeiteinheit (die etwa auch »Leerzeiten« berücksichtigt). *Personales Leben* bezeichnet alle Dimensionen des Lebens einer Person (die emotionalen, die sozialen, die ökonomischen, die politischen, die intellektuellen, die ethischen, die religiösen, die kulturellen, die musischen). »Personales Leben« ist in der von mir vertretenen Ethik-Theorie das »höchste Gut«. Ein psychisches oder soziales System, das dieses Leben fördert, nennen wir *biophil.*

Die Überprüfung der Qualität der Bedingungen

(a) kann eine hinreichende Bedingung sein, wenn sie dem Unternehmen als zentrale Planungsgröße dient (was wegen der statischen Betrachtung nicht unbedingt zu empfehlen ist); andernfalls kann sie als notwendige behandelt werden,

(b) und (d) sind ökonomisch notwendige Bedingungen,

(c) ist in (a) oder (b) enthalten und kann also entweder eliminiert oder als nützliche Bedingung weitergeführt werden,

(g) ist eine mikroökonomisch nützliche Bedingung unter der Voraussetzung, daß eine durch die Dezentralisierung mittelbar erreichte Kartellbildung den Wettbewerb nicht zum Schaden des Unternehmens beeinträchtigt,

(e) und (f) sind ökonomisch nützliche Bedingungen (weil etwa bei ihrer Erfüllung die Motivation der Mitarbeiter steigt), ethisch aber handelt es sich um notwendige Bedingungen.

Einige notwendige Bedingungen spielen also auf zwei Ebenen (in zwei Sprachspielen), der ökonomischen und der ethischen. Strenggenommen ist das Einbringen ethischer Bedingungen in unsere Fahne nicht erlaubt, da der Unternehmenserfolg ausschließlich ökonomisch definiert wurde und somit nichtökonomische Bedingungen in der Bedingungstafel nichts zu suchen haben. Da aber in der Praxis solche Grenzüberschreitungen nicht nur unvermeidbar sind, sondern auch wünschenswert, da sie einer eindimensionalen Sicht des Problems vorbeugen, wollen wir nun ausführen, wie in diesem Fall zu verfahren ist.

Die vorzunehmende Bedingungsaufteilung, verbunden mit der Konstruktion zweier Fahnen, macht deutlich, daß die meisten unternehmerischen Entscheidungen *Mehrzielentscheidungen* sind. Jedem dieser Ziele ist eine eigene Fahne zuzuteilen. Die Zuordnung der Ziele geschieht nach den Regeln der Entscheidungstheorie beziehungsweise des Operations Research. Zudem führt die Bedingungsaufteilung nicht selten zum Auffinden weiterer notwendiger Bedingungen.

Verzichtet man auf die Teilung, kann es zu inkonsistenten Bedingungen kommen (das heißt, die Erfüllung einer Bedingung im konkreten Anwendungsfall macht die Erfüllung der anderen unmöglich). So wäre in einem konkreten Fall möglicherweise die Realisierung der Bedingung (b) und mit der Erfüllung der Bedingung (e) nicht verträglich. Gelingt es nicht, die beiden Bedingungen zu splitten, muß man eine eliminieren oder geeignet umformulieren. Inkonsistente Bedingungskataloge sind jedenfalls unbrauchbar.

Doch wie sehen nun die beiden Fahnen nach dem Splitting aus?

a. Die ökonomische Fahne

Der Unternehmenserfolg korreliert *nur dann* ökonomisch positiv mit Dezentralisierung, *wenn* . . .
langfristig eine höhere Kapitalrendite erwirtschaftet wird (a),
höhere Gemein- und Fixkosten durch erhöhte Erträge wenigstens kompensiert werden (b),
die Arbeitsproduktivität steigt (c),
zwischen den dezentralisierten Stellen mit gleichen Funktionen kein destruktiver Wettbewerb stattfindet (d),
makroökonomisch sich die Wettbewerbssituation nicht verschlechtert (g),
es zu einer besseren Anpassung der Systemstrukturen an die Bedürfnisse und Interessen der inneren und äußeren Umwelt des Unternehmens kommt (k).

Die Bedingungen sind unter besonderen Umständen erfüllt oder mit sinnvollem Aufwand erfüllbar zu machen. Diese Bedingungen hängen ab von

○ der Unternehmensgröße,
○ der Art der produzierten oder distribuierten Güter,
○ der Marktsituation,
○ der Begabung des Managements.

b. Die ethische Fahne

Der Unternehmenserfolg korreliert *nur dann* ethisch positiv mit Dezentralisierung, *wenn* . . .

der Unternehmensbestand nicht gefährdet ist (h),

kein Mitarbeiter gegen seinen Willen in seinem Verantwortungsbereich geschmälert oder verändert wird (i),

aufgrund der Dezentralisierung keine Arbeitsplätze verlorengehen (e),

das personale Leben der Mitarbeiter nicht gemindert wird (f),

sich die makroökonomische Wettbewerbssituation nicht verschlechtert (g),

es zu einer besseren Anpassung der Systemstrukturen an die Bedürfnisse und Interessen der inneren und äußeren Umwelt des Unternehmens kommt (k).

Hier fällt auf, daß die Zusatzbedingung (h) zwingend eingeführt werden muß. Ist der Unternehmensbestand durch die Dezentralisierung ernsthaft gefährdet, wird die mögliche Erfüllung der übrigen ethischen Bedingungen hinfällig.

Wir wollen hier nicht eine Reduktion der Ethik auf Ökonomie vertreten, nach der eine ökonomisch rationale Entscheidung auch zwingend ethisch rational ist. Diese Position setzt voraus, daß entweder für beide Bereiche das höchste Gut identisch ist oder ein solches höchstes Gut bloß funktional (etwa im Sinne des Utilitarismus) angegeben oder (etwa im Sinne des Emotivismus) aufgegeben werden muß. Wenn wir als höchstes Gut das personale Leben einführen, ist offensichtlich, daß eine Konkurrenz zwischen personalem und systemischen Leben nicht ausgeschlossen werden kann, die so geartet ist, daß die Optimierung des personalen Lebens dauerhaft der des systemischen Lebens widerspricht. Nicht geleugnet werden soll, daß die Akzeptation und Befolgung bestimmter *moralischer Grundsätze* durch alle Personen der inneren und äußeren Umwelt die Interaktions- und Transferkosten (vor allem durch geminderte Reibungsverluste) senken kann. Aber das ist kein ethisches Problem, sondern das einer ökonomischen Moral. Ein Thema, das möglicherweise in einem nächsten Buch mit dem Titel »Die Macht der Moral« intensiver behandelt werden wird.

Sie werden bemerkt haben, daß wir im letzten Beispiel von Identität behauptenden Thesen auf Korrelation behauptende gewechselt sind. Die These »Kapitalistische Systeme sind stabil« behauptet, daß die Menge aller kapitalistischen Systeme eine Teilmenge aller stabilen Systeme ist. Solche All-Aussagen sind recht problematisch. Deshalb verwendet man in der Dialektik, wenn eben möglich, Korrelationsaussagen. Diese lassen prinzipiell Ausnahmen zu und behaupten nur einen Regelfall. In Analogie zur Statistik könnte man sagen, wir lassen durch unsere Formulierung der These in vertretbarem Umfang Betafehler, das heißt mögliche Entscheidungsfehler, die dazu führen, eine These anzunehmen, obwohl sie falsch ist, zu.

Mit diesem Schritt wechselten wir die Logik. An die Stelle der aristotelischen Logik mit ihren All-Aussagen setzten wir eine Regellogik, die nicht für jeden Fall das Zutreffen eines Prädikats auf ein Subjekt behauptet, sondern nur ein Zutreffen »in der Regel«, derart, daß eine positiv signifikante Korrelation zwischen beiden vertreten werden kann. Im Anhang wird eine kleine Einführung in die Regellogik vorgestellt.

6. Die Problematik unentscheidbarer Aussagen (Lösungsvorschläge)

Wie schon verschiedentlich ausgeführt, kann auch eine dialektische Aufarbeitung eines Entscheidungsproblems dieses nur rational durchdringen und so zu einem Konsens führen. Die Tatsache, daß alle unsere erheblichen Entscheidungen unter Unsicherheit getroffen werden, wird dadurch nicht berührt. Das hat zur zwingenden Folge, daß in jeder Fahne wenigstens eine Bedingung auftauchen *muß*, für die nicht entscheidbar ist, ob sie erfüllt ist oder mit sinnvollem Aufwand erfüllt werden kann. Wir haben diese Problematik schon am 3. Beispiel (über die Geschwindigkeitsbegrenzung für Kraftfahrzeuge auf Bundesautobahnen) kennengelernt. In der Praxis muß man also davon ausgehen, daß eine Fahne, die ein Entscheidungsproblem zum Ziel hat, unvollständig ist, wenn nicht wenigstens eine in ihrer Erfüllbarkeit oder Erfüllung unentscheidbare Bedingung auftaucht. Ein Beispiel mag das verdeutlichen:

7. Beispiel:
Über die Privatisierung der Deutschen Bundesbahn

Die Teilnehmer an einem Dialektik-Kurs entwickelten zu diesem Thema folgende Fahne:

Die Deutsche Bundesbahn soll privatisiert werden *nur dann, wenn* . . .
keine Reduktion der Versorgungsleistungen erfolgt (a),
eine Dauersubventionierung ausgeschlossen werden kann (b),
keine zusätzliche Umweltbelastung durch Transportverlagerungsprozesse (von der Schiene auf die Straße) eintritt (c),
im Falle der Zahlungsunfähigkeit sichergestellt wird, daß ein oder mehrere Nachfolgeunternehmen (etwa Gebietskörperschaften) den Unternehmensbetrieb aufrechterhalten (d),
zu erwarten steht, daß das Unternehmen langfristig Bilanzgewinne ausweisen kann (e),
Rationalisierungsmaßnahmen nicht den Arbeitsmarkt sozial unverträglich belasten (f).

Die Bedingungen (a), (d) und (e) sind prinzipiell im Privatisierungsgesetz als erfüllungspflichtig festzustellen. Die Bedingung (b) kann möglicherweise erfüllbar gemacht werden, wenn der bisherige Eigentümer verpflichtet wird, alle Altlasten zu übernehmen und die Gebietskörperschaften — analog zur Unterhaltung des Straßennetzes aus öffentlichen Mitteln — das Schienennetz unterhalten. Ob die Bedingungen (c) und (e) erfüllt werden, ist unentscheidbar.

Das aber bedeutet, daß — wie bei jeder Entscheidung unter Unsicherheit — für den Entscheidungsfall Kriterien zu Hilfe genommen werden müssen, die selbst nicht wieder rational gerechtfertigt werden können, sondern in der Risikobereitschaft oder anderen psychischen Vorgaben des Entscheiders gründen.

Nebenbei bemerkt: Bei der Fertigstellung des Manuskripts erreichte mich am 13. 1. 1989 die Nachricht, daß der Bund 1991 die Altschulden (vor allem die Kriegsfolgeschäden) der Bundesbahn in voller Höhe (12,6 Mrd. DM) übernehmen wird und die Gebietskörperschaften sich nach einer Prüfung, die Ende 1990 abgeschlossen sein soll, an den Wegekosten der Bahn beteiligen werden, womit zwei notwendige Bedingungen für eine Privatisierung erfüllt wären.

Im folgenden Abschnitt dieses Kapitels wollen wir das bislang Vorgestellte an einigen weiteren Beispielen ausführen. Doch zuvor sollen die wichtigsten bislang erarbeiteten Regeln, die die Technik der Fahnenbildung bestimmen, zusammengestellt werden: Eine Regel, die unter allen Umständen zu beachten ist, gilt der Erzeugung von konsensfähigen Bedingungen. Es sollte grundsätzlich vermieden werden, genannte Bedingungen, wenn sie nicht dogmatischer Art (also prinzipiell nicht erfüllbar) sind nicht zu diskutieren, sondern in gemeinsamem Bemühen solange Formulierungsvorschläge zu machen, bis eine konsensfähige Bedingung gefunden wurde. Diskutiert wird nur die Frage, ob eine Bedingung erfüllt ist oder mit sinvollem Aufwand erfüllbar gemacht werden kann. Die Phase der Erzeugung von Bedingungen steht also unter dem Anspruch der Kreativität. Die Phase der Prüfung der Bedingungen steht unter dem Anspruch kritischer (und eventuell kontroverser) Güterabwägung.

○ Definition der zentralen Begriffe der These.

○ Sammeln einer möglichst vollständigen Liste von (möglichst) notwendigen Bedingungen.

○ Definition der darin auftauchenden Begriffe.

○ Prüfung des Charakters der Bedingungen (notwendig, hinreichend, nützlich).

○ Kontrollieren, ob alle Bedingungen im selben Sprachspiel spielen (spielen einige etwa in einem ethischen, andere in einem ökonomischen, handelt es sich um zwei verschiedene Themen, die in eigenen Fahnen behandelt werden müssen).

○ Konvertieren der nicht notwendigen Bedingungen in notwendige (eventuell Konvertierung der gesamten Fahne).

○ Konsistenzprüfung (eine Bedingung ist mit einer anderen nicht konsistent, wenn die eine, wenn erfüllt, die Erfüllung der anderen zwingend ausschließt) und Elimination einer dieser Bedingungen (eventuell durch geeignete Umformulierung).

○ Implikationsprüfung (eine Bedingung ist in einer anderen enthalten, wenn die eine, wenn erfüllt, auch immer die Erfüllung der anderen voraussetzt) und Elimination der enthaltenen Bedingung.

○ Konsensbildung (Diskussion mit dem Ziel, eine Bedingung entweder konsensfähig umzuformulieren oder aufzugeben).

○ Prüfung der Frage, ob alle Bedingungen erfüllt sind oder mit vertretbarem Aufwand erfüllbar gemacht werden können.

○ Soll die Fahne ein Entscheidungsproblem rational analysieren und tritt keine Bedingung auf, deren Erfüllung oder Erfüllbarkeit nicht ausgemacht werden kann, ist davon auszugehen, daß die Fahne unvollständig ist.

7. Weitere Beispiele zur Fahnenbildung

Da die Kunst, einwandfreie Fahnen zu konstruieren, nur an zahlreichen Beispielen und deren Analyse gelernt werden kann, sollen hier weitere vorgestellt werden. Sie wurden ausnahmslos in Seminaren von den Teilnehmern ausgearbeitet, wobei über die vorgestellten Bedingungskataloge Konsens erreicht werden konnte. Das muß keineswegs heißen, daß auch jeder Leser diese Bedingungskataloge inhaltlich und in bezug auf ihre Vollständigkeit akzeptiert und damit die These für zutreffend hält.

8. Beispiel:
Über die unaufgebbare Würde des Menschen

Definition: Was bezeichnet »Würde«?

In der Philosophie Immanuel Kants gilt die Würde des Menschen als »höchstes Gut«. Er bestimmt in seinem »praktischen Imperativ«: »Handele so, daß du die Menschheit sowohl in deiner eigenen Person als auch in der Person eines jeden anderen jederzeit zugleich als Zweck, niemals bloß als Mittel brauchst.« Die Würde des Menschen gründet also in seiner Selbstzwecklichkeit. Da es kein Handlungsziel geben kann, das einen höheren Zweck hat als den der menschlichen Person, *kann* sie niemals bloßes Mittel sein (um einen höheren Zweck zu erreichen). In dieser Tradition stehend, bestimmt das Grundgesetz der Bundesrepublik Deutschland diese Würde als unantastbar, ja als zu achten und zu schützen durch alle staatliche Gewalt (Art. 1). Würden wir diesen Standpunkt ethisch-dogmatisch vertreten, könnte niemals der Fall eintreten, daß − ethisch erlaubt und verantwortet − ein Mensch auf seine Würde verzichten oder der Staat seine Würde verletzen dürfte. Nun hat sich das allgemeine Bewußtsein in seiner Entwicklung von der Würde als dem höchsten ethischen Gut abgelöst und an deren Stelle das personale Leben gesetzt. Es folgt darin der Forderung Kants, nach der das höchste Gut nicht irgendwie vorgegeben ist, sondern durch die Freiheit des Willens hervorgebracht werden muß. In unserer Zeit kann jedoch die Frage wieder undogmatisch beantwortet werden. Wir fragen in der These nicht, ob auf den Vollzug oder die Realisation von Würde verzichtet werden, sondern ob eine Person ihre Würde (das heißt die personale Selbstzwecklichkeit) um eines höheren Gutes willen aufgeben darf.

Konstruktion der Fahne:
These: Eine Person darf ethisch verantwortet *nur dann* ihre Würde aufgeben, *wenn* . . .
ihr sittliches Gewissen ihr das erlaubt (a),
es freiwillig (selbstverantwortet und selbstgesteuert) geschieht (b),
die Handlung, die durch die Aufgabe erlaubt wird, vom sittlichen Gewissen gefordert wird (c),
ein höheres Gut (etwa eigenes oder fremdes personales Leben) nur so erhalten werden kann (d).

Definition der in der Fahne auftauchenden neuen Begriffe:
Sittliches Gewissen bezeichnet eine psychische Struktur, die einem Menschen, der vor einer Handlungsalternative steht, »sagt«, was er aufgrund seiner verantwortet übernommenen handlungsleitenden Werte machen solle. *Verantwortet* übernommen ist ein handlungsleitender Wert genau dann, wenn er eine Person, die sich an ihm orientiert, zu realitätsdichten entscheidungsrelevanten Einstellungen und Interpretationen führt. *Freiwillig* geschieht eine Handlung oder Unterlassung immer dann, wenn sie nicht unter autonom verantworteter Heteronomie (Fremdsteuerung durch innere oder äußere Zwänge) steht. Wird Heteronomie nicht autonom verantwortet, führt sie nicht zu Handeln, sondern zu Verhalten. So kann sich ein Mensch autonom in ein soziales System eingeben und seine Normen und Standards internalisieren, ohne seine Freiwilligkeit aufzugeben.

Prüfung auf eventuelle Implikationen:
Allgemein gilt: Eine Bedingung (x) ist in der Bedingung (y) enthalten, wenn (x) in jedem denkbaren Anwendungsfall erfüllt ist, wenn (y) erfüllt ist. In unserem Beispiel schließt keine Bedingung die andere ein.

Die Bedingung (a) sagt, daß es sich nicht um eine Verletzung des »höchsten Guts« handeln darf, die immer (deontologisch) verboten ist. Keine der anderen Bedingungen spricht ein solches Verbot aus. Würde die Bedingung (a) lauten: »Wenn es vom sittlichen Gewissen gefordert ist«, handelte es sich um eine hinreichende Bedingung, insoweit niemand sittlich erlaubt etwas tun darf, was seinem sittlichen Gewissen widerspricht. Die Bedingung (b) fordert unmittelbare Freiwilligkeit. Diese ist nicht gegeben, wenn ein Mensch sich freiwillig in soziale Systeme begeben hat, die auf ihn nun innere und äußere Zwänge ausüben (mittelbare Freiwilligkeit). Diese ist ebenfalls nicht schon implizite in anderen Bedingungen enthalten.

Die Bedingung (c) fordert, daß die Handlung, in deren Vollzug sich ein Mensch zum reinen Mittel macht, sittlich (vom personalen Gewissen her) gefordert ist. Auch diese Bedingung ist in keiner anderen enthalten. Die Bedingung (a) behandelt eine grundsätzliche Einstellung zur Würde, die Bedingung (c) fragt nach dem Gebot in einer Handlungssituation. Die Bedingung (d) fordert ein anzustrebendes Gut ein, das über der Würde steht, so daß in einer verantworteten Güterabwägung die Würde dahinter zurücktreten kann (eine Person sich also, um dieses Gutes willen, ethisch erlaubt, zum reinen Mittel machen darf). Ein solches Gut könnte etwa eigenes und fremdes personales Leben sein. Ein Mensch, der in der Würde das höchste Gut sieht, wird diese Bedingung als sinnleer nicht akzeptieren.

Prüfung der Erfüllbarkeit

Gibt es Situationen, in denen alle diese Bedingungen erfüllt sind? Wann darf sich ein Mensch zum reinen Mittel machen (etwa sein Leben aufgeben, um fremdes Leben zu retten)? Es sind hier unschwer Handlungen denkbar, die alle Bedingungen erfüllen. Da sie in einer Forderung des personalen Gewissens gründen, können die ihnen zugrunde liegenden Maximen nicht zur Grundlage einer allgemeinen Gesetzgebung gemacht werden (wie es Kants kategorischer Imperativ [»Handele so, daß die Maxime deines Willens jederzeit zugleich als Prinzip einer allgemeinen Gesetzgebung gelten könne« und »Ich soll niemals anders verfahren als so, daß ich auch wollen könne, meine Maxime solle ein allgemeines Gesetz werden«] für sittlich gebotene Handlungen fordert).

9. Beispiel:
Über die Entmenschlichung dessen, der institutionalisiert Gewalt ausübt

In diesem Beispiel wollen wir eine These des Anarchismus prüfen, nach der die institutionalisierte Ausübung von Gewalt den Herrschenden wie den Beherrschten entmenschlicht.

Noch zu definierende Begriffe:
Entmenschlicht bezeichnet den Zustand einer Person, die nicht mehr in der Lage ist, ihr personales Leben zu entfalten. Im Regelfall kommt es gar zu einer Schrumpfung des emotionalen und sozialen personalen Lebens.

Gewalt ist gleichzusetzen mit der Anwendung von physischen, psychischen oder/und sozialen Zwängen gegen andere, um seinen Willen, seine Vorstellungen, seine Wertordnungen, seine Herrschaftsansprüche gegen diese durchzusetzen. Legitim wird nach verbreiteter Überzeugung physische Gewalt nur durch den Staat gegenüber unbotmäßigen Bürgern oder durch die Eltern gegenüber unmündigen Kindern ausgeübt. *Institutionalisiert* ist die Ausübung von Gewalt, wenn sie in psychischen und/oder sozialen Strukturen begründet ist. So übt etwa ein Räuber oder ein Werbegraphiker psychisch institutionalisiert Gewalt aus, soweit er mit wenigstens einem Menschen ein psychisches oder soziales Zwangssystem aufbaut oder aufzubauen versucht, dessen Strukturen es ihm ermöglichen soll, Menschen unter physische, psychische oder soziale Zwänge zu stellen. So übt ein Beamter sozial institutionalisiert Gewalt aus, wenn er Bürger unter Androhung von Strafen dazu bringt, seinen Anweisungen (die meist in Gesetzen oder Verordnungen grundgelegt sind) zu folgen.

Konstruktion der Fahne:
These: Die Ausübung institutionalisierter Gewalt korreliert mit der Entmenschlichung des Gewaltausübenden *nur dann* nicht, *wenn* . . .

    er seine Autonomie gegenüber den Zwangssystemen bewahrt (a), er bevorzugt mit denen, gegen die er Gewalt ausübt, in Koordination umgeht (b),

er niemals gegen den Spruch seines sittlichen Gewissens handelt (c),

er Gewalt nur in zwingenden Fällen, über eine Güterabwägung verantwortet, einsetzt (d),

er mit Konflikten, die aus der Gewaltausübung hervorgehen, sinnvoll umgehen kann (e),

die Gewalterleidenden die Ausübung von Gewalt akzeptieren (f),

er mit zureichender sozialer Kompetenz (natürlicher Autorität) begabt ist (g),

er über eine biophile Basisorientierung verfügt (h),

die Gewaltanwendung legitim ist (i) und − nachgeschoben − das »Gewaltsystem« nicht nekrophil ist (j).

Definitionen der in der Fahne neu auftauchenden Begriffe:
In-Koordination-miteinander-Umgehen steht für ein Interaktionsmuster, in dem grundsätzlich alle Beziehungen reversibel sind. Das bedeutet, daß ein Mensch die Interaktionsmuster, die er gegenüber anderen praktiziert, auch gegen sich gelten läßt. Das gilt auch für Führungsinteraktionen, für Kritik und Tadel und für geltend gemachte Ansprüche aus Bedürfnissen, Erwartungen, Stimmungen. *Güterabwägung* bezeichnet eine gedankliche Tätigkeit, die verschiedene Güter desselben (etwa zwischen zwei ethischen Gütern: die Wahrheit sagen oder andere Menschen nicht verletzen) beziehungsweise verschiedener Typen (etwa eines ökonomischen Guts gegen ein ethisches oder politisches: Mitarbeiter nicht entlassen oder Aufwand senken) gegeneinander abwägt. Eine Güterabwägung ist nur dann verantwortet, wenn sie wenigstens die Minimalforderung erfüllt, dem sittlichen Gewissen des Abwägenden nicht zu widersprechen, und niemanden zwingt, gegen sein sittliches oder moralisches Gewissen zu handeln. *Konfliktfähigkeit* bezeichnet die Fähigkeit, sinnvoll mit Konflikten umzugehen. Das schließt unter anderem ein: (1) keine unnötigen Konflikte zu provozieren, (2) notwendige Konflikte bei sich selbst und bei anderen mit einem Minimum an psychischem und sozialem Aufwand durchstehen zu können und

(3) über Techniken zu verfügen, solche Konflikte zum richtigen Zeitpunkt restlos (ohne daß traumatische Reste oder Nachfolgekonflikte übrigbleiben) zu beenden. *Biophile Basisorientierung* meint ein potentielles, sekundär erworbenes (also nicht angeborenes und − in der Regel − auch nicht im Verlauf der primären Sozialisation geprägtes) Strukturelement menschlicher Psyche, das ein biophiles Handeln nahelegt. Biophil ist ein Handeln genau dann, wenn es unmittelbar oder doch mittelbar personales Leben eher mehrt denn mindert.

Prüfung der Bedingungen:
O Prüfung der Qualität:
Keine der Bedingungen ist hinreichend. Die Bedingungen (f) und (g) scheinen nur nützlich zu sein, aber alle anderen sind notwendig.

O Prüfung auf Implikationen:
Die Bedingung (a) fordert die Bewahrung der Selbstbestimmtheit auch unter dem Anspruch innerer und äußerer Zwänge. Das setzt voraus, daß die inneren Zwänge durchschaut werden. Dies geschieht aber nur, wenn die Strukturen der sozialen Systeme (Staat, Gesellschaftsordnung, Wirtschaftsordnung, Kirche, Familie, Unternehmen), durch deren Internalisierung innerer Zwänge zustande kamen (sieht man hier einmal von neurotischen Zwängen ab), kritisch (über Identifikation mit dem sozialen System) geprüft werden. Diese Bedingung ist in keiner anderen enthalten.

Die Bedingung (b) fordert, daß die Ausübung von Gewalt in einem sozialen System die Ausnahme darstellt. In der Regel gehen die Mitglieder des Systems in Koordination (etwa in »kommunikativer Gleichberechtigung«) miteinander um. Auch diese Bedingung ist in keiner anderen enthalten.

Die ethische Bedingung (c) ist bei jedem ethischen Thema fundamental. Es stellt sich hier die Frage, ob auch alle anderen Bedingungen dem ethischen Sprachspiel angehören, es wäre ja auch ein psychologisch-anthropologisches denkbar. Sollten die Bedingungen in zwei oder mehr Sprachspielen vorkommen, wäre die Fahne entsprechend zu splitten. Das ist aber insoweit nicht notwendig, als alle Bedingungen in einem ethischen Sprachspiel eine sinnvolle

Bedeutung haben können. Wir sind jedoch jetzt verpflichtet, alle Bedingungen in ihrer ethischen Bedeutung zu interpretieren.

Die Bedingung (d) fordert die Begrenzung auf dringende Fälle und setzt eine Aktivierung des sittlichen oder moralischen Gewissens in einer Güterabwägung voraus. Auch diese Bedingung ist nicht schon in einer anderen enthalten.

Die Bedingung (e) fordert von dem, der (legitim) Gewalt ausübt, ohne sich dabei in seinem sozialen und emotionalen Leben zu verkürzen, ein zureichendes Maß an Konfliktfähigkeit. Auch diese Bedingung ist nicht in anderen impliziert.

Die Bedingung (h) verlangt − unabhängig von der Struktur des personalen Gewissens, die ja nicht unbedingt Biophilie als wesentliches Element aufweisen muß (es könnte ja auch »Würde« sein) − eine biophile Grundorientierung, da nur die Entfaltung des personalen Lebens die Anwendung von Gewalt ethisch rechtfertigt. Die Ausübung von ethisch nicht gerechtfertigter institutionalisierter Gewalt dürfte aber stets zur Entmenschlichung führen. Auch diese Bedingung ist in anderen nicht enthalten.

Die Bedingung (i), nach der die Ausübung von institutionalisierter Gewalt legitim sein muß, scheint ebenso notwendig zu sein, da institutionalisiert-illegitimes Handeln nur in nekrophilen sozialen Systemen biophil sein kann (etwa Terror zur Beseitigung eines faschistischen Systems). Wir erkennen, daß unser bisheriger Bedingungskatalog unvollständig ist. Er muß ergänzt werden um die notwendige Bedingung: »Das System, in dem institutionalisiert Gewalt ausgeübt wird, darf nicht nekrophil sein.«

○ Konversion der Bedingungen:

Abschließend stellt sich die Frage, ob die »nur« als nützlich erkannten Bedingungen nicht als notwendig umformuliert werden können. Es liegt somit nahe, die Bedingung (f) so auszudrücken: »Die Gewalterleidenden fühlen sich nicht so bedrängt, daß sie aus allen sozialen Systemen emigrieren, in denen Gewaltausübung nicht geächtet ist.« Entsprechend läßt sich (g) neu verbalisieren: »Die Gewaltausübung darf bei den Gewalterleidenden nicht auf Haß gegen den Gewaltausübenden oder gegen die von ihm vertretene Institution entarten.« Oder: »Der Gewaltausübende muß die Gewalt so ausüben, daß er nicht sozial isoliert oder geächtet wird.«

Frage nach der Erfüllung und Erfüllbarkeit der Bedingungen:
Während alle anderen Bedingungen leicht als erfüllbar denkbar sind, ist das mit der Bedingung (i) problematisch. Legitim im klassischen Sinne – sieht man einmal von den Fällen von Notwehr oder Selbsthilfe ab – können nur Staat und Eltern physische Gewalt über Personen ausüben (»Staatsgewalt«, »elterliche Gewalt« – ein Begriff, der vom Gesetzgeber im BGB unter dem 18. 7. 1979 durch den der »elterlichen Sorge« ersetzt wurde). Nun ist es aber in nicht wenigen Unternehmen, Kirchen, Parteien, Gewerkschaften durchaus nicht unüblich, über physische, psychische und soziale Zwänge bestimmte Vorstellungen und Orientierungen auch gegen den Willen des anderen durchzusetzen – ja ihn, gegen seinen erklärten Willen, zu Handlungen und Unterlassungen zu zwingen. Den Einsichten unserer Analyse folgend, müssen wir solche Gewalt, wenn sie nicht nur zufällig, sondern institutionalisiert (etwa als Realisierung von Strukturen sozialer Systeme) auftritt, als für den Gewaltausübenden entmenschlichend betrachten.

10. Beispiel:
Über die Korrelation von Führen und Gewalt

Das vorige Beispiel scheint nahezulegen, daß alle Formen des Führens wesentlich und nicht nur gelegentlich mit der Ausübung von Gewalt verbunden sind. Wir stellen uns nun die Frage: »Korreliert Führen von Menschen positiv mit der Ausübung von Gewalt?«

These: Führen korreliert *dann* mit der Ausübung von Gewalt, *wenn* . . .

die Autonomie der Geführten gegen deren Willen eingeschränkt wird (a),
die Informationsgabe die Einsicht in die Gründe des Handelns nicht zuläßt (b),
der Führende als Systemagent funktioniert (c),
Kritik nicht zugelassen oder nicht ernst genommen wird (d),
Führen über Manipulation geschieht (e),
der Führende vorwiegend über bloß hierarchische Autorität verfügt (f),

zwischen Führendem und Geführten eine Kollusion ausgebildet wurde (g).

Definition der Begriffe:
Systemagent bezeichnet ein Individuum oder ein Gremium (etwa einen Vorstand, einen Aufsichtsrat, ein Team), welches sich in wichtigen systemtypischen Interaktionen unkritisch in den Dienst eines sozialen Systems stellt. Ein Systemagent ist nichts als das Organ, mit dessen Hilfe ein soziales System überhaupt erst funktioniert, denn als solches ist es funktionsunfähig. *Manipulation* meint eine Beeinflussung von Verhalten, Einstellungen oder Orientierungen ausschließlich oder doch vorwiegend zum Nutzen des Beeinflussenden oder seines Auftraggebers. So ist Konsumgüterwerbung der Intention nach stets Manipulation.

Von *bloß hierarchischer Autorität* sprechen wir dann, wenn der Führende keinerlei personale (in seiner Person, etwa seiner Kompetenz, seinem Charakter, gründende) oder funktionale Autorität (wie sie sich bei der Bewältigung spezifischer Probleme ausweist) besitzt, sondern seine Autorität ausschließlich von seiner Funktion in einem sozialen System (also etwa einem Unternehmen) her bezieht. *Kollusion* ist eine Beziehung zwischen zwei (oder mehr) Menschen oder sozialen Systemen, die komplementäre psychische und/oder soziale Defekte (oft gar vom Typ der Charakterneurosen) kompensiert und so zu einem nicht selten recht stabilen sozialen System auswächst. Eine Kollusion kann etwa zwischen einem strukturell Hilflosen und einem strukturellen Helfer ausgebildet werden. Strukturell sind beide Positionen, weil sie die Struktur des sozialen Systems (etwa Führender und Geführter) definieren. Solche Kollusionen realisieren in aller Regel keine spontanen Sprachspiele. Es handelt sich vielmehr um soziale Systeme vom Typ Institution, aus denen de facto keiner der Partner auszubrechen in der Lage ist.

Prüfung des Bedingungstyps:
Schon eine oberflächliche Analyse zeigt, daß es sich ausschließlich um *hinreichende* Bedingungen handelt. Das bedeutet, daß die ganze Fahne zu konvertieren ist:

These: Führen korreliert *nur dann* nicht mit Ausübung von Gewalt, *wenn* . . .

die Autonomie der Geführten nicht gegen deren Willen eingeschränkt wird (a),
die gegebene Information den Geführten die Einsicht in den Sinn
ihres Handelns erlaubt (b),
der Führende nicht als Systemagent funktioniert (c),
Kritik zugelassen und ernst genommen wird (d),
Führen nicht über Manipulation geschieht (e),
der Führende auch über personale Autorität verfügt (f),
zwischen Führendem und Geführten keine Kollusionen ausgebildet werden (g).

Offensichtlich sind alle Bedingungen an sich notwendig. Allenfalls
wird man These (b) als Regelbedingung formulieren: »wenn in der
Regel die gegebene Information . . .«
Ebenso offensichtlich ist der Bedingungskatalog nicht inkonsis-
tent. Die Überprüfung nach Implikationen mag auf den ersten
Blick die Konditionen (c) und (f) in Verbindung bringen. Nun aber
kann ein Systemagent durchaus auch über personale Autorität
verfügen, wie auch nicht jeder, der über keine personale Autorität
verfügt, als Systemagent tätig werden muß. Also hat keine der
beiden Bedingungen die andere als Teilmenge.
Auch gehören alle Bedingungen dem gleichen Sprachspiel (etwa
einem soziologischen) an. Bei Themen dieser Art ist vor allem
darauf zu achten, ob sich eine ethisch wertende Bedingung einge-
schlichen hat. Das ist im vorliegenden Beispiel nicht der Fall.

Sind die Bedingungen erfüllt oder erfüllbar?
Gibt es Unternehmen, in denen diese Bedingungen erfüllt sind oder
mit sinnvollem Aufwand erfüllt werden können? Diese Frage ist
prinzipiell zu bejahen. Es ist aber auch auf die Gefahr zu verweisen,
daß manche Abteilungen großer Unternehmen diese nicht nur nicht
erfüllen, sondern aufgrund des vom Unternehmen gezogenen Rahmens (der »Unternehmenspraxis«, selbst bei »Führungsrichtlinien«,
die alle unsere Bedingungen als unbedingt zu erfüllen fordern) auch
innerhalb einer Abteilung nicht erfüllt werden *können*.

11. Beispiel:
Über den Wahrheitsanspruch als Form des Terrorismus

Vor allem die französische Postmoderne (Jean-François Lyotard und Michel Foucault) lehrt, daß die Behauptung einer Aussage als unbedingt (zeit- und gesellschaftsinvariant) wahre und damit für alle Menschen verpflichtende nichts sei als nackter Terror, durch den Dogmatiker ihre Mitmenschen knechten. Wir wollen die Stimmigkeit dieser Ansicht prüfen.

These: Wer eine Aussage als wahr behauptet, praktiziert *nur dann* Terrorismus, *wenn* . . .
Menschen diesen Wahrheitsanspruch ernst nehmen (a),
die Sprachspielbedingtheit nicht erkannt wird (b),
Menschen auf diese Aussage hin mit Anschlußhandlungen (Zustimmung, Widerstand) reagieren (c).

Definitionen:
Wahrheitsanspruch bezeichnet einen sozialen Anspruch des Behauptenden, seine Aussage sei nicht nur authentisch (seiner Überzeugung entsprechend und nach bestem Wissen und Gewissen gebildet), sondern auch frei von Täuschung und Irrtum – also wahr. Jeder, der dieses nicht akzeptiere, sei entweder dumm, vernagelt (durch entgegenstehende Vorurteile) oder bösartig. Es gab und gibt allerdings Philosophen, die aus diesem (potentiell als gerechtfertigt angenommenen) Wahrheitsanspruch ganze Ideensysteme aufgebaut haben. *Terrorismus* stellt heute eine besonders problematische Form der Gewaltanwendung dar. Während der »klassische Terrorismus« (Michail Alexandrowitsch Bakunin: »Lust an der Zerstörung ist auch ein schöpferischer Drang« beispielsweise) im Prinzip im Dienst der Befreiung von politisch, religiös, ökonomisch realisierter oder motivierter Gewalt (etwa der des offenen oder latenten Faschismus) stand, verharrt der Terrorismus, gegen den die Postmoderne polemisiert, im Dienst der Versklavung, der Unfreiheit. *Sprachspielbedingt* akzeptieren auch die Philosophen der Postmoderne die Wahrheit von Aussagen. Innerhalb eines Sprachspiels (etwa des Fußballspiels, der Diskussion, der Führungsinteraktion)

können Aussagen sowohl wahr als auch falsch sein. Da Sätze eine wohldefinierte Bedeutung nur in einem Sprachspiel haben, kann eine Aussage, die in einem wahr ist, nicht unkritisch als wahr in ein anderes Sprachspiel transponiert werden, da in diesem interaktionelle Handlungen (also auch Sätze) andere Bedeutungen haben.

Prüfung des Bedingungstyps:
Alle Bedingungen scheinen notwendig zu sein. (a) Wer nicht ernst genommen wird, ist zum Terroristen wenig geeignet. (b) Wird die Sprachspielbedingtheit erkannt, kann man über die Wahrheit der Aussage diskutieren. Ein jeder hat das Recht, eine Aussage, die authentisch ist und im Horizont eines durch genau eine Kommunikationsgemeinschaft definierten und sie definierenden Sprachspiels spielt, als wahr zu behaupten. Es handelt sich dann aber um einen sprachspielspezifischen Wahrheitsanspruch, der außerhalb des Sprachspiels keine Geltung einfordert. Ein jeder andere hat das Recht, auch die Anschlußhandlung des »begründeten Bestreitens« zu wählen. (c) Folgt auf eine Aussage keinerlei Anschlußhandlung, wird also das kommunikative Angebot in keiner Weise aufgegriffen, kann man kaum von Terrorismus sprechen.

Sind die Bedingungen erfüllt oder erfüllbar?
Nichttrainierte Menschen neigen dazu, die Sokratische Dichotomie nicht zu durchschauen. Über psychische Zwänge scheinen wir Menschen das, was wir für zweifelsfrei gewiß halten, auch als wahr anzunehmen. Es bedarf schon eines disziplinierten Trainings, um nicht ständig in diese Falle zu tappen. Wir können also feststellen, daß sicherlich mehr als neunzig Prozent der Menschen unseres europäischen Kulturkreises die Bedingungen nicht erfüllen. Sie üben mehr oder minder häufig, mehr oder minder penetrant, mehr oder minder fixiert über Wahrheitsansprüche Terror aus. Andererseits kann nicht geleugnet werden, daß diese Zwänge überwindbar sind. In einer nach den Regeln der Dialektik verlaufenden Diskussion *müssen* sie gar überwunden werden, wenn das Diskussionsziel erreicht werden soll.

12. Beispiel:
Über biophiles Führen

Eine Ethik, die das personale Leben als höchstes Gut wählt, wird sich vor die Frage gestellt sehen, wie ein Führen geschehen muß, das dieses höchste Gut (gemäß dem Biophiliepostulat: »Entfalte eigenes und fremdes personales Leben, und vermeide dessen Minderung«) verwirklichen oder sich ihm doch nähern will. Dabei ist zu beachten, daß »Biophilie« eine vieldimensionale Kategorie ist, da sich personales Leben vieldimensional (etwa als emotionales, soziales, sittliches, religiöses, intellektuelles, musisches) entfaltet und vieldimensionale gesellschaftliche Rahmenbedingungen einfordert, um sich optimal entwickeln zu können. Ein soziales System (Staat, Kirche, Unternehmen, Familie, Paarbeziehung), das solche Rahmenbedingungen bereitstellt, nennen wir »biophil«. Es bildet seine Strukturen nicht in selbstreferentieller Eigendynamik aus, sondern fremdreferentiell, sich gegen den Trend eines sich selbst überlassenen Systems stemmend. Es orientiert seine dynamischen Strukturen an den Bedürfnissen und Interessen der inneren und äußeren Umwelt, die es zugleich auch durch ebendiese Strukturen in einem dialektischen Prozeß mitgestaltet. Nur fremdreferentielle soziale Systeme können − ursprünglich biophil − personales Leben entfalten und fördern. Da Führen immer in sozialen Systemen geschieht oder diese erst aufbaut, ist die Erzeugung eines biophilen und damit fremdreferentiellen Systems eine wesentliche Führungsaufgabe. Biophilie in bezug auf Führen läßt sich keineswegs auf die Entfaltung des personalen Lebens des Führenden wie der Geführten beschränken. Mindert oder gefährdet ein soziales System personales Leben in der äußeren Umwelt, und kann der Führende diesen Zustand nicht beenden, wird die Gesamtbilanz der Biophilie seiner Führungshandlungen und deren mittelbaren und unmittelbaren Folgen oft eher negativ ausgehen.

Ferner ist zu bedenken, daß eine als biophil geplante Handlung durchaus nekrophil ausgehen kann, da wir Menschen niemals alle unmittelbaren und mittelbaren Folgen unserer Handlungen (und Unterlassungen) vorhersehen können. Wenn eine Handlung die reale Welt verändert, ist nicht abzusehen, *wie* diese Handlung die reale Welt verändert. Wir wollen dennoch eine Handlung biophil nennen, wenn die Bilanz der *vorhersehbaren* Folgen dominant biophil ist *und* der Handelnde alles in seinem Vermögen Stehende tut, um möglichst viele mögliche Handlungsfolgen abzusehen. Ein Theologe, der ohne gründliches Wissen von ökonomischen Regeln ökonomische Handlungen einfordert, verhält sich also keinesfalls biophil, weil er sich nicht – etwa durch ein wirtschaftswissenschaftliches Studium – zureichend kundig gemacht hat. Sollten die von ihm eingeforderten Handlungen biophil ausgehen, handelt es sich um einen Zufall, der aber nicht im nachhinein die Handlungen biophil macht.

Unter *Führen* verstehen wir eine Handlung, die ein soziales System aufbaut, in dem der Führende und die Geführten zusammen (als innere Umwelt des Systems) in Aktualisierung ihrer fachlichen und sozialen Performanz eine Aufgabe oder ein Problem mit einem Minimum an finanziellem, zeitlichen, emotionalen, sozialen Aufwand optimal lösen oder doch zu lösen versucht.

These: Führen ist *nur dann* biophil, *wenn* . . .
unvermeidliche Entfremdungen minimiert werden (a),
vermeidbare Entfremdungen verhindert werden (b),
Grundrechte gesichert sind (c),
niemand gezwungen wird, gegen sein Gewissen zu handeln (d),
niemand ohne schwerwiegenden Grund daran gehindert wird, etwas zu tun, was sein Gewissen ihm zu tun gebietet (e),
es sich orientiert an der sozialen und fachlichen Performanz aller Beteiligten (f),
das Unternehmen selbst sozial wertvoll ist (g),
das Unternehmen Güter erstellt, die nicht vorwiegend nekrophil gebraucht werden (können) (h),
der Unternehmensbestand nicht gefährdet wird (i),
den Mitgliedern der inneren Umwelt des Systems nicht vorsätzlich oder fahrlässig Schaden zugefügt wird (j),
Mitgliedern der inneren Umwelt des Systems Schaden nur aufgrund einer verantworteten Güterabwägung zugefügt wird (k),
der äußeren Umwelt nicht vorsätzlich oder fahrlässig oder ohne zureichende Güterabwägung Schaden zugefügt wird (l),

keine nekrophilen Mittel zur Erreichung von Zielen (etwa von Problemlösungen) eingesetzt werden (m),
die sozialen Systeme (Unternehmen, Abteilung, Führungssystem) über Identifikation internalisiert wurden (n).

Definitionen der in der Fahne neu auftauchenden Begriffe:
Entfremdung ist ein Prozeß oder ein Zustand, in dem und durch den eine Person oder ein soziales System sich selbst unbehebbar fremd ist oder wird. Ein sich selbst entfremdeter Mensch weiß nicht nur nicht, wer er real ist, er interpretiert auch seine kosmische und soziale Umwelt verstellt und vertäuscht. Georg Wilhelm Friedrich Hegel war der Ansicht, daß alle Veränderung in Entfremdung begründet ist (»Das Gleichgewicht des Ganzen . . . beruht auf der Entfremdung des Entgegengesetzten«). Karl Marx glaubte, daß die zur Ware degenerierte entpersonalisierte und funktionalisierte Arbeit den Menschen entfremde (»Durch die entfremdete, entäußerte Arbeit erzeugt der Arbeiter das Verhältnis eines der Arbeit fremden und außer ihr stehenden Menschen zu dieser Arbeit«). E. Mayo verwies (1929) darauf, daß sich viele Arbeiter Surrogate für die Entfremdung durch Internalisierung der Arbeitsgruppe verschaffen. Mitte der fünfziger Jahre (L. Srole [1956] und M. Seemann [1959]) folgte man der Einsicht, daß die Entfremdung im wesentlichen im Gefühl der Ohnmacht gegenüber undurchsichtigen Großorganisationen gründe. Jetzt ist nicht mehr die Arbeitsgruppe, sondern die Freizeitgestaltung Surrogat für die Entfremdung in der ökonomischen und politischen Welt. Die Entfremdung − im Sinne von Marx und seiner Anhänger − widerspricht ganz offensichtlich der Selbstverwirklichung und ist insoweit nicht biophil. Es handelt sich vielmehr um eine nekrophile Entwirklichung (oft genug um eine Selbstentwirklichung). *Performanz* bezeichnet den Ausschnitt persönlicher fachlicher und sozialer Kompetenz, die ein Mensch unter bestimmten sozialen und emotionalen Bedingungen aktivieren kann. *Sozial wertvoll* ist ein soziales System, wenn es über die Tatsache der entgeltlichen Verwendung von Arbeitskraft hinaus in seinen Funktionen die biophilen Möglichkeiten eines soziokulturellen Großsystems aktiviert. *Schaden* hat wie Nutzen verschiedene potentiell unendliche Dimensionen (wie ökonomische, kulturelle,

soziale, politische und ökologische) und ist daher nicht quantifizierbar. Für einige Schadenstypen kann man zwar die Kosten, die anfallen, um Schaden wieder zu beheben, als Schadensmaß wählen, strukturell geschädigtes personales Leben ist jedoch in der Regel nicht über diese Methode quantifizierbar. Die Internalisierung eines sozialen, ideologischen und personalen Systems durch *Identifikation* geschieht durch kritische Akzeptation der Strukturen dieses Systems. Durch diese Akzeptation macht sich ein Mensch die Strukturen wenigstens insoweit zu eigen, als er in der Regel die Normen (die Standards des systemischen Seins) des Systems beachtet und seine Basic beliefs akzeptiert. Wird über Introjektion internalisiert, werden Strukturelemente eines solchen Systems unkritisch übernommen.

Überprüfung der Bedingungen:
Alle Bedingungen sind offensichtlich notwendig. Ist eine nicht erfüllt, kann man kaum von biophilem Führen sprechen. Diese Position kann durch ein biophiles Führen in einem System, das etwa nicht die Bedingungen (j), (k) und/oder (l) erfüllt, in Frage gestellt werden. Es scheint denkbar zu sein, daß in einem nekrophilen System (etwa in einem Unternehmen, das auf verbotene Waffenexporte spezialisiert ist) der eine oder andere Vorgesetzte biophil führt. Doch betrifft diese Biophilie bestenfalls die innere Umwelt des Unternehmens, nicht aber die äußere. Eine Biophilie-Bilanz wird, trotz aller Unwägbarkeiten, negativ ausgehen.

Alle Bedingungen sind offensichtlich konsistent und gehören – wie schon vom Thema gefordert – einem (ethischen) Sprachspiel an. Auch die Bedingung (i) ist, wenn (g), (j), (k) und (l) erfüllt sind, notwendig, da der Erhalt eines biophilen Systems die materielle Voraussetzung für biophiles Führen ist.

Eine Überprüfung der Implikationen läßt vermuten, daß die Bedingungen (j), (k) und (l) vollständig in (g) enthalten sind. Immer wenn (g) erfüllt ist, dann sind es auch jene. Nun kann man sicherlich (g) so definieren, daß eine solche Implikation zustande kommt. Legt man unsere Definitionen zugrunde, liegt keine Implikation vor. Eine Führungshandlung kann durchaus dem soziokulturellen Großsystem nutzen und zugleich Personen der inneren und/oder äußeren Umwelt schaden (etwa durch ausbeutende Verwendung von Arbeitskraft oder durch unfairen Wettbewerb).

Über die Erfüllung oder die Erfüllbarkeit der Bedingungen:
Zweifelsfrei sind in vielen Unternehmen im Prinzip alle Bedingungen erfüllbar, wenn sie auch nur in wenigen tatsächlich realisiert sind. Nichterfüllbar sind die Bedingungen (h) und (l) etwa in Unternehmen, die Waffen herstellen, die für einen Angriffskrieg verwendet werden können, oder in Finanzierungsinstituten, die Kredite hart an der Grenze des verbotenen Wuchers gewähren. Es gibt auch Firmen, die eine unkritische Internalisierung fordern, wünschen oder begünstigen. Sie sind nekrophil. Aus den oben angegebenen Gründen kann in ihnen kein biophiles Führen stattfinden, wenn sich Führen an den Strukturen des Systems orientiert.

13. Beispiel:
Über biophile Selbstverwirklichung

»Selbstverwirklichung« ist ein vor allem von jungen Menschen gern verwendetes Wort, das meist einen Prozeß bezeichnen soll, in dessen Verlauf ein Mensch möglichst viele seiner Bedürfnisse möglichst vollständig und möglichst bald befriedigt. In die psychologische Sprache wurde es von A. P. Goldstein (*self actualization*) eingeführt. Das Wort bezeichnet hier die extrem spekulative Basis aller Motivationstypen allen menschlichen Handelns. Goldstein geht von der Vermutung aus, ein Mensch habe die generelle Tendenz, seine Fähigkeiten und Fertigkeiten in gegebenen Situationen optimal ins Spiel zu bringen. Dieser Gedanke wurde von A. M. Maslow weitergeführt. Er war der Ansicht, daß der Motivator »Selbstverwirklichung« nur dann erheblich wird, wenn die Bedürfnisse der »niederen Stufen« (vor allem die sozialen nach Anerkennung, Dazugehören, nach Liebe und Wertschätzung) befriedigt seien. C. R. Rogers verstand unter »Selbstverwirklichung« die allgemeine und im Menschen stets wirkende Tendenz, volle Autonomie anzustreben und der sozialen Kontrolle zu entrinnen. Alle anderen Motive seien diesem untergeordnet.

Nun erwiesen sich all diese hochspekulativen Theorien als nicht brauchbar. Für die weitaus meisten Menschen ist der stärkste Motivator der Schutz der Selbstachtung. Wir wollen hier mit dem Begriff »Selbstverwirklichung« ein ethisches Bedürfnis bezeichnen, die eigenen Begabungen und Fähigkeiten zu eigenem und fremdem Nutzen zu entfalten.

These: Selbstverwirklichung ist *nur dann* biophil, *wenn* . . .
Schaden anderer weder gewollt noch ohne verantwortete Güterabwägung in Kauf genommen wird (a),
über personale Freiheit verfügt wird (b),
sie von realistischer Selbsterkenntnis getragen wird (c),
es zu einer positiven Selbstannahme des so erkannten Selbst kommt (d),
sie von einer sittlich orientierten Person angestrebt wird (e),
sie zu biophilem Handeln motiviert (f),
das Selbst zureichend reif ist (g).

Definition der in der Fahne neu auftauchenden Begriffe:
Personale Freiheit ist von systemischer zu unterscheiden. Systemisch frei ist ein Mensch, wenn er in kein soziales System (Staat, Kirche, Partei, Gewerkschaft, Familie, Unternehmen) existentiell eingebunden ist, das mehr als zum Systemerhalt notwendig – also strukturbedingt – innere und/oder äußere Zwänge ausübt. Systemische Unfreiheit kann also in zwei Merkmalen des Systems gründen: Entweder ist das System von vornherein so angelegt, daß es über den Erhalt des Systems als eines solchen (eines Staates als solchen, eines Unternehmens als solchen) Zwänge ausübt, oder es entwickelt sich über selbstreferentielle Prozesse zu einem solchen Zwangssystem. Zu den Zwangssystemen der ersten Art zählen etwa marxistisch-leninistische Staaten, zu denen zweiter Art etwa solche mit ausgeprägter Bürokratie. Systemische Unfreiheit bedroht nur dann personale Freiheit, wenn sie sich über innere Zwänge realisiert. Das Fehlen äußerer Zwänge ist nur eine nützliche, keineswegs eine notwendige Bedingung für die Entwicklung personaler Freiheit. Personale Freiheit kann sehr verschieden verstanden werden. Ein sehr unreifer Begriff (typisch etwa für einen Pubertierenden, der

Freiheit mit Ungebundenheit verwechselt – und sie so entpersonalisiert und funktionalisiert) bestimmt mit dem Jesuiten Luis de Molina (1535–1600) personale Freiheit als die Fähigkeit, etwas zu tun oder nicht zu tun und, wenn man etwas tut, dieses oder jenes zu tun. Doch schon Aristoteles verfügte über eine sehr viel personenorientiertere Bestimmung von Freiheit. In der Wahlfreiheit (die er der spontanen Freiheit entgegensetzt) strebe die Person nach etwas, was ihr als Gut erscheint. Er bestimmte: »Wahl ist ein Mit-sich-zu-Rate-Gehen des Strebens nach dem, was in unserer Macht steht.« Heute bezeichnet personale Freiheit die Fähigkeit eines Menschen, sein Leben selbstverantwortet zu gestalten. Der Vollzug solcher Freiheit weiß darum, daß sie nur in stabilen sozialen Beziehungen und über Identifikation aufgebaute Bindungen an soziale Systeme möglich ist. *Selbst* bezeichnet ein Strukturelement eines personalen (psychosozialen) Systems, das die psychosoziale Identität dieses Systems mit sich selbst und für dieses erkennbar in einer bestimmten Zeitdauer sichert. Dazu ist es notwendig, daß das Subjekt zum Objekt werden kann. Zwischen dem Selbst-Subjekt und dem Selbst-Objekt besteht ein wechselseitiger Konstitutionszusammenhang. Wie ein Mensch sich selbst (weitgehend nicht seinem Bewußtsein zugänglich) wahrnimmt (Selbst-Objekt), so wird er auch (Selbst-Subjekt). Das Selbst entsteht nun nicht durch Reflexion über das eigene Innenleben, sondern in identifizierenden wie ausgrenzenden, durch Informationsaustausch hergestellten Wechselbeziehungen zur inneren (des Körpers) und äußeren (vor allem der sozialen) Umwelt. Die Grundstrukturen des Selbst sind bestimmt durch sein Verhältnis zum Vertrauen (in sich und andere), zur Autonomie und zur Initiative. Diese Grundstrukturen werden im wesentlichen in den ersten fünf Lebensjahren ausgebildet. Jede Selbstbildung entsteht durch soziales Rückspiegeln (Menschen spiegeln, meist unbewußt, in ihren Interaktionsangeboten und Reaktionen auf unsere Interaktionsangebote implizite das Bild von uns wider, das sie von uns haben) vor allem der primären Bezugspersonen. Unser Selbst realisieren wir in all den Interaktionsangeboten, die wir anderen Menschen machen, und den Reaktionen auf die Interaktionsangebote anderer Menschen. Das Rückspiegeln kann unser Selbst verstärken oder aber auch gefährden, vor allem wenn wichtige Bezugspersonen regelmäßig Bilder zurückspiegeln, in denen wir uns nicht wiedererkennen. In der *Selbsterkenntnis* erkennen wir uns explizite als Selbstobjekt (und mittelbar und dem Bewußtsein kaum verfügbar auch als Selbstsubjekt). Alles, was wir erkennen, erkennen wir aufgrund der Muster, die uns unser Selbst für unser Erkennen zur Verfügung stellt. Das gilt auch für die Erkenntnis des Selbst von sich selbst. Selbsterkenntnis meint hier die Erkenntnis der bewußtseinsfähigen Anteile des Selbst. Sie beinhaltet insbesondere eine möglichst unverstellte Erkenntnis der eigenen Fähigkeiten und deren Grenzen. Eine möglichst realitätsdichte Selbsterkenntnis ist die entscheidende Voraussetzung für eine realitätsdichte Entfaltung sozialer Performanz. Das Mühen um eine solche Selbsterkenntnis ist wichtige Voraussetzung für legitimiertes Führen.

Diese Selbsterkenntnis kann, wenn das Selbst unreif oder krankhaft gebildet ist, erheblich verstellt sein. Als besonders verstellend wirkt das Selbst-Ideal, jenes Idealbild, das vor allem unsere Eltern uns als Ideal anerzogen haben. Dieses Ideal ist stets unerreichbar. Kommt es zu strukturellen erheblichen strukturbedingten Widersprüchen zwischen bewußtseinsfähigen Elementen des Ideals und nichtbewußtseinsfähigem Selbst, wird ein Mensch versuchen, sich auf einem neurotischen oder psychotischen Level zu stabilisieren. *Selbstannahme* bezeichnet eine Einstellung zum erkannten Selbst, die zu dessen Akzeptation führt. *Sittlich orientiert* nennen wir eine Persönlichkeit, die ihre handlungsleitenden Werte verantwortet übernommen hat und ernsthaft versucht, ihr Leben danach einzurichten. Eine bloß teleologische Ethik (die die ethische Qualität einer Handlung ausschließlich von deren tatsächlichen oder intendierten – etwa biophilen – Zielen her festlegt) wird nicht schon zu biophilem Handeln führen, weil in der konkreten Entscheidung für oder gegen eine Handlung nicht nur ethische, sondern auch nichtethische Güter (wie ökonomische, politische, soziale und ökologische), die mit ethischen durchaus konkurrieren können, eine Rolle spielen. Um den ethischen Gütern in solchen Güterabwägungen einen zureichenden Platz zu sichern, ist es notwendig, daß die handelnde Person über eine vor ethischen Regeln verantwortet übernommene und ausgebildete Wertorientierung verfügt. Aristoteles hätte von einem »tugendhaften Menschen« gesprochen.

Prüfung der Bedingungen:
Die Bedingungen scheinen ausnahmslos notwendig zu sein. Ist eine nicht erfüllt, wird eine Handlung, die der Selbstverwirklichung dienen soll, nicht notwendig (sondern allenfalls zufällig) biophil (und damit ethisch gerechtfertigt) sein.

Daß Selbstverwirklichung und Selbstannahme Selbsterkenntnis voraussetzen, scheint evident zu sein. Ein Mensch, der nicht weiß, wer er ist, der sich nicht die bewußtseinsfähigen Aspekte des Selbst möglichst unverstellt erschlossen hat, wird stets versuchen, sein Selbst-Ideal zu verwirklichen. Ebenso notwendig wird er an dieser Aufgabe scheitern, da das Selbst-Ideal prinzipiell nicht einzuholen ist. Diese am Selbst-Ideal orientierte Pseudoselbstverwirklichung wird von einigen Jugendreligionen und Managementtrainern als wichtigster Motivator genannt. Ihn einzusetzen bedeutet, den so motivierten Menschen zu entwirklichen, ihm seinem Selbst fremd zu machen.

Andererseits ist keine der Bedingungen hinreichend. Wird nur eine realisiert, kann es sich durchaus um eine mißlingende, nekrophile Form der »Selbstverwirklichung« handeln.

Die Bedingungen scheinen auch konsistent zu sein und auf den ersten Blick ebenfalls keine andere zu implizieren. Das kann jedoch, nachdem wir die Begriffe »Selbsterkenntnis« und »Selbstannahme« definierten, die Bedingung (c) in Frage stellen. Gelungene Selbstannahme setzt immer gelungene Selbsterkenntnis voraus. Hat ein Mensch sich selbst angenommen, muß er sich zuvor erkannt haben, andernfalls hat er irgend etwas angenommen (etwa sein Selbst-Ideal), nur nicht sein Selbst. Andererseits ist mit der Selbsterkenntnis nicht schon Selbstannahme verbunden. Daraus folgt, daß wir die Bedingung (c) aus unserem Bedingungskatalog streichen können.

Prüfung der Erfüllbarkeit der Bedingungen:
Wer grundsätzlich die Möglichkeit personaler Freiheit oder realitätsorientierter Selbsterkenntnis leugnet, wird den Bedingungskatalog als unerfüllbar ansehen. Stellt man diese Möglichkeiten nicht in Zweifel, dürften die Bedingungen an sich erfüllbar sein. Andererseits ist jedoch zu vermuten, daß zwei Konditionen in der Regel

nicht erfüllt sind: die Bedingung (c) nicht, weil viele Menschen niemals mit den Techniken der Selbsterkenntnis vertraut gemacht wurden, und die Bedingung (e) nicht, weil nur sehr wenige Menschen ihre tatsächlich sie in ihrem Handeln leitenden Werte kennen, und also die meisten sie erst recht nicht verantwortet übernommen haben.

Biophile Selbstverwirklichung ist zentrale Lebensaufgabe. Scheitert ein Mensch an dieser Aufgabe, kann sein Leben insgesamt scheitern. Gelingt sie, wird das Leben glücken.

14. Beispiel:
Unternehmerische Arbeit ist ein Produktionsfaktor

Die These wurde erstmals von Jean Baptiste Say (1767–1832) 1828 vertreten. Er stellte die unternehmerische Tätigkeit neben die klassischen Produktionsfaktoren Arbeit, Kapital und Boden, denen jeweils ein Ertragsanteil zuzurechnen ist (Lohn, Profit und Bodenrente). Damit löste er die Funktion des Unternehmers von der des Kapitaleigners und begründete so das, was wir heute eine »Theorie des Managements« nennen würden. Wir wollen hier nicht die Frage klären, ob die Ansicht, Boden und Kapital seien keine Produktionsfaktoren, sondern Produktionsmittel, zutrifft. Ihre Vertreter (vor allem Erich Gutenberg und seine Schule) nehmen an, daß Arbeit nicht vom Arbeiter zu trennen sei, wohl aber der Boden vom Bodeneigentum und das Kapital von Kapitaleigentum, da beide mehr oder minder beliebig übertragbar seien. Deshalb sei es auch nicht notwendig, daß der Ertragsanteil von Boden oder Kapital deren Eigentümern zufallen muß. Somit sei nur die Arbeit Produktionsfaktor. Unsere These nimmt an, daß der Produktionsfaktor Arbeit (im weiteren Sinne) aufzuspalten sei in ausführende und unternehmerische Arbeit.

Definition der zentralen Begriffe der These:
Produktionsfaktoren sind, im volkswirtschaftlichen Sinne, die zur Produktion von ökonomischen Gütern verwendeten notwendigen materiellen und immateriellen Güter (ohne die Vorleistungen sind sie nicht dauerhafte Produktionsgüter, die im Produktionsprozeß

eingesetzt werden und dabei untergehen, wie Rohstoffe, Betriebsmittel, Werkstoffe und Energie). *Unternehmerische Tätigkeit* bezeichnet die selbständige und verantwortete initiative Arbeit innerhalb eines Unternehmens, die wesentlich und strukturell (und nicht nur beiläufig und funktional) mit einem persönlichen Risiko (im Gegensatz zum bloßen Kapitalrisiko des bloßen Kapitaleigners und im Gegensatz zum Arbeitsplatzrisiko des ausschließlich mit ausführender Arbeit Beschäftigten [mag sie dispositiv oder gewerblicher Art sein]) verbunden ist. Der geschäftsführende Gesellschafter einer GmbH oder der geschäftsführende Komplementär einer KG sind also durchaus, ebenso wie angestellte Unternehmer, die keine Kapitaleigner sind, unternehmerisch tätig.

Konstruktion einer Fahne:
These: Unternehmerische Tätigkeit ist *nur dann* ein von der »Arbeit« abzusondernder Produktionsfaktor, *wenn* . . .
  sie ein zur Produktion wirtschaftlicher Güter notwendiges Gut ist (a),
  sie sich grundsätzlich und wesentlich von ausführender Arbeit unterscheidet (b),
  sie grundsätzlich und wesentlich nicht primär Kapital-, sondern persönliches Risiko trägt (c),
  sie keine Vorleistung darstellt (d).

Definition der Fahnenbegriffe:
Produktion bezeichnet einen von Menschen gelenkten Entstehungsprozeß von Sachgütern, Energien und Dienstleistungen. Er wird durch den Einsatz von Produktionsfaktoren, Vorleistungen und Informationsaustausch unter Beachtung technischer Regeln und ethischer Wertvorstellungen bewirkt. Ein wirtschaftliches *Gut* dient zur Befriedigung eines Bedürfnisses. *Ausführende Arbeit* ist jene Arbeit, die aufgrund von Weisungen erfolgt, sei sie gewerblich (im Sinne der Tarifverträge und nicht im Sinne von §§ 105 ff. GewO), kaufmännisch oder dispositiv (Arbeitskraft, Betriebsmittel und Werkstoffe kombinierend). *Persönliches Risiko* bezeichnet eine Verlustgefahr, die immer dann entsteht, wenn ein Mensch aufgrund autonomer (selbständiger und initiativer) Handlungen, für die er

insoweit uneingeschränkt verantwortlich ist und die er strukturell verantworten können muß, wesentliche Güter seines personalen Lebens (nicht nur den Arbeitsplatz, sondern auch persönliches Ansehen, soziale Akzeptation, personale Autorität) einsetzt.

Prüfung der Qualität der Bedingungen:
Alle Bedingungen sind, wie unmittelbar aus den Definitionen hervorgeht, notwendig. Offensichtlich kann eine Arbeit, deren vorzügliche Funktion in der *Vermittlung* zwischen den Interessen und Bedürfnissen der Kapitaleigner und der weisungsabhängigen Arbeit besteht, weder auf weisungsabhängige Arbeit noch auf Vertretung der Kapitalinteressen reduziert werden.

Prüfung der Erfüllbarkeit der Bedingungen:
Sicherlich sind diese Bedingungen in den meisten Unternehmen erfüllt. Viele Firmen sind darüber hinaus managementbeherrscht (beispielsweise wenn kein Eigentümer mehr als ein Prozent des Grund- oder Stammkapitals besitzt). In der Bundesrepublik waren schon 1979 − nach Umsatz − 73 Prozent der 300 größten oder 66 Prozent der nach den Mitbestimmungsgesetzen mitbestimmten Unternehmen managementbeherrscht.

II. Kapitel

Die Bedeutung dialektischer Techniken für ein Unternehmen und die Schwierigkeiten, die sich einstellen können

In diesem Kapitel sollen folgende Themen behandelt werden, deren theoretische und praktische Beherrschung für angewandte Dialektik (Diskurstechniken) unverzichtbar ist:
1. Über die Funktionen eines Managers
2. Über Corporate Identity und verwandte Probleme
3. Über Unternehmensethik
4. Über degenerierte Kommunikation
5. Über kommunikative Performanz
Beginnen wir damit, die Funktionen eines Managers im Rahmen einer modernen und bewährten Managementtheorie abzuklären. Dabei gilt unser Interesse der Frage, wie die soziale Performanz eines Managers beschaffen und entwickelt sein muß, damit er dialektische Techniken praktisch machen und so maßgeblich auf das Corporate Behavior seines Unternemens Einfluß nehmen kann. Die Fähigkeit, die Normen des unternehmensspezifischen Verhaltens wenigstens mittelbar über seinen Führungsstil beeinflussen zu können, sehen wir hier als wichtigen Aspekt der sozialen Performanz.

1. Über die Funktionen eines Managers

Da dieses Buch speziell Manager anspricht, muß zunächst einmal ausgemacht werden, was die Funktionen eines Unternehmers respektive eines Managers sind. Fehleinstellungen in der Selbstdefinition können zu Konflikten führen, die die Anwendung dialektischer Techniken nahezu unmöglich machen.

Die Feststellung (oder war es eine Forderung?) des Jean Baptiste Say, daß die Funktionen des Unternehmers oder Managers von denen des Kapitaleigners in einem Unternehmen sorglichst zu unterscheiden seien, ist sicherlich heute keineswegs Inhalt des allgemeinen Bewußtseins. Selbst die moderne Diskussion, ob »Kapital« neben »Arbeit« ein Produktionsfaktor sei (wie die Neoklassik vermutet) oder »nur« ein Produktionsmittel, ist noch lange nicht abgeschlossen. Wir wollen mit dem Begriff »Manager« eine Person in einem ökonomischen System bezeichnen, die unmittelbar unternehmensrelevante Entscheidungen eigenverantwortlich treffen kann – und das unter persönlichem Risiko. Ein Manager ist also definitionsgemäß global interessiert und besitzt ressortübergreifende Kompetenz. Er besetzt einen Tätigkeitsbereich, der die Unternehmenspolitik planend, entscheidend und durchsetzend beeinflußt. Keineswegs jeder leitende Angestellte (im Sinne von § 5 BetrVG, § 3 MitbestG und der rechtskräftige Entscheidungen der Gerichte für Arbeitssachen) ist also Manager. Nicht jeder, der eine Sekretärin beschäftigt und über ein Vorzimmer verfügt, ist Manager. Die aus dem amerikanischen übernommene Titelflut (Marketing-Manager, Verkaufs-Manager, Produkt-Manager, Werbe-Manager) hat die Funktionsbezeichnung »Manager« im deutschen Sprachraum in ein linguistisches Chaos gestürzt, so daß man daran denken sollte, das mißbrauchte und geschundene Wort durch »angestellter Unternehmer« und nicht etwa durch »Top-Manager« zu ersetzen, weil dann die Gefahr besteht, mittlere dispositive, aber weisungsgebundene Funktionen auf die Top-Manager-Ebene hochzustilisieren. Wenn wir dennoch von Managern sprechen, sind stets angestellte Unternehmer gemeint, also »Träger der verkehrswirtschaftlichen Tauschakte« im Sinne Joseph Alois Schumpeters.

Idealtypisch vereinfacht, kann man von der Selbstdefinition her drei Gruppen von Managern unterscheiden:

○ Die Mitglieder der ersten Gruppe verstehen sich vorzüglich als Interessenvertreter des (vermeintlichen?) Produktionsfaktors »Kapital«.

○ Die Mitglieder der zweiten sehen ihre wesentliche Funktion in der Vermittlung zwischen den in der Regel divergierenden Interessen der »Produktionsfaktoren« Arbeit und Kapital.

○ Die Mitglieder der dritten Gruppe endlich definieren ihre zentrale Aufgabe vom optimalen Einsatz der Produktionsmittel (vor allem von dem des »Kapitals«) her.

Die Mitglieder der ersten Gruppe werden sich erststellig dem ökonomischen Prinzip *entscheidungsleitend* verpflichtet wissen. Jede unternehmerische Entscheidung wird hinterfragt, ob und in welchem Umfang sie Erträge maximiert und/oder Aufwand minimiert. Die Funktionsinhaber streben nach jener, die, unter Unsicherheit realisiert, diese beiden Bedingungen möglichst erfüllt. Ihre dialektischen Optimierungsstrategien betreffen also in dogmatischer Einseitigkeit und Ausschließlichkeit die *Brauchbarkeit* einer Entscheidung oder Handlung. Die Frage nach der *Nützlichkeit* wird entweder nicht gestellt oder abgewehrt. Ethische Güter werden für die Entscheidung nur dann erheblich, wenn sie mittelbar (etwa als eine Art »kalkulatorischer Leistungen«) ökonomisch relevant sind (etwa das Firmenimage verbessern, innerbetriebliche Reibungsverluste mindern, auf Interaktions-, Transfer- oder Regiekosten senkend wirken). Zu dieser Gruppe gehören vor allem manche Manager, die etwa als geschäftsführende Gesellschafter zwei Seelen in ihrer Brust haben: die des Kapitaleigners *und* die des Managers. Es kommt hier häufig zu Konflikten, die, wie schon Say vermutete, nicht selten zu suboptimalen ökonomischen Entscheidungen führen.

Die Mitglieder der zweiten und dritten Gruppe werden, wenn ökonomische Güter mit nichtökonomischen (hier vor allem ethischen) konkurrieren, eine Mehrzielentscheidung anstreben, in der beide Gütertypen berücksichtigt werden. Das bedeutet etwa, daß das ökonomische Prinzip (wenn nicht gerade am oder unterhalb des Break-even-Punkts produziert wird) nur als *Rahmenprinzip* erheblich wird, innerhalb dessen eine Mehrzahl von Entscheidungen zugelassen wird, von denen etwa die bevorzugt werden kann, die qualifiziert ethische Güter verwirklicht. In der Sprache Platons: Sie werden eine Mehrzielentscheidung anstreben, in der eine optimale Brauchbarkeit *und* eine optimale Nützlichkeit miteinander verbunden werden. Das kann sehr oft so aussehen, daß bestimmte Grenzwerte in Bereichen des Nützlichen und Brauchbaren nicht unterschritten werden. Mit den mit solchen Güterabwägungen verbundenen Fragen habe ich mich eingehend in dem Buch »Ethik für

Manager« auseinandergesetzt. Da in dialektischen Situationen der Konflikt zwischen Brauchbarkeit und Nützlichkeit einer Entscheidung oder Handlung eine wichtige Rolle spielt, sei hier ein Begriff vorgestellt, ohne den es unmöglich zu sein scheint, Nützlichkeit irgendwie sinnvoll zu objektivieren (wenn auch nicht zu quantifizieren). Es ist das, was man mit »höchstem ethischen Gut« bezeichnet.

Unsere Frage lautet also: Wie kann definiert werden, was das »höchste ethische Gut« (von dem im Seinsbereich alle Entscheidungen und Handlungen, im Bewußtseinsbereich alle Werteinstellungen und Grundüberzeugungen die Qualität »ethisch gut« beziehen) ist? Ich denke, daß es das sein sollte, was (sehr unausdrücklich) vom »allgemeinen Bewußtsein« als solches bestimmt wird. Eine Definition des »höchsten ethischen Gutes«, die dieses außerhalb des vom allgemeinen Bewußtsein bestimmten Rahmens ausmacht, wird – wenn sie nicht allgemeines Bewußtsein rückwirkend informieren kann – ineffizient bleiben. Ich schlage vor, als höchstes ethisches Gut das personale Leben von Menschen in allen seinen Dimensionen (den physischen, sozialen, emotionalen, sittlichen, intellektuellen und musischen) zu bestimmen. Eine Handlung oder Entscheidung, die dieses Leben eher mehrt denn mindert, haben wir *biophil* genannt. Die entsprechende Forderung formuliert das *Biophiliepostulat*. Wir haben im vorhergehenden Kapitel diese Ethik als geltend vorausgesetzt und in Einzelaspekten ausgeführt.

Ich will im folgenden das unter (b) genannte Managementverständnis (also die »Vermittlungstheorie der Managementfunktion«) als brauchbar und für die effiziente Behandlung unseres Themas zureichend verbreitet voraussetzen. Diese Theorie geht von folgendem Unternehmensmodell aus: Ein optimal geführtes Unternehmen wird verstanden als ein *fremdreferentielles soziales System*. Wir nennen ein soziales System fremdreferentiell, wenn sich (informationsursächlich) die Ausbildung seiner Strukturen an den Bedürfnissen, Interessen und Erwartungen der inneren (Mitarbeiter) und äußeren (sozialen, kulturellen, politischen, ökonomischen, ökologischen) Umwelt orientiert. Von Informationsursache sprechen wir, wenn im Gegensatz zur Wirkursache, nicht durch Energietransfer, sondern durch Informationstransfer ein Sachverhalt erzeugt wird. Das Gemeinte mag folgende Skizze verdeutlichen:

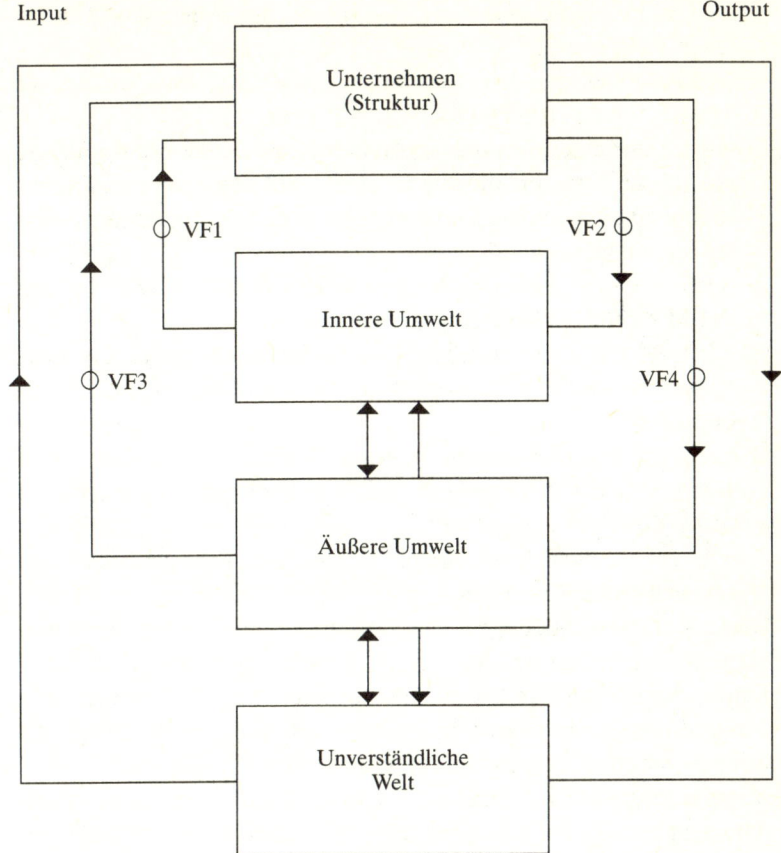

Input   Output

Die Elemente der Systemstrukturen (etwa eines Unternehmens) sind Standards. Wie schon verschiedentlich ausgeführt, unterscheiden wir Seins- und Bewußtseins-Standards. Zu den Seins-Standards rechnen wir alle Normen, die die unternehmensspezifischen Interaktionen (etwa im Bereich des Anweisens, des Kritisierens, der Konferenztechniken, des Umgehens mit Mitbewerbern, politischen Instanzen) regulieren. Der Bereich der Bewußtseins-Standards wird bestimmt durch die unternehmensspezifischen Selbstverständlichkeiten der favorisierten Einstellung zum Unternehmen und die unternehmensspezifischen Wertvorgabe. Diese Standards bestimmen:

○ welche Probleme und Aufgaben in welcher Weise von wem zu lösen sind,

○ welche Probleme und Aufgaben als wichtig und welche als unwichtig klassifiziert werden,

○ wie Erfahrungen mit der Umwelt interpretiert werden und wie die aus der (inneren und äußeren) Umwelt kommenden Informationen über deren Bedürfnisse, Erwartungen, Wertungen, Einstellungen zu verarbeiten sind,

○ nach welchen Kriterien die Leistungen und die Persönlichkeit der Mitarbeiter »beurteilt« werden soll,

○ nach welchen Mustern die im Unternehmen Tätigen miteinander (innere Umwelt des Unternehmens) etwa in Führungssituationen umgehen,

○ nach welchen Mustern die Führungskräfte mit Personen, Gruppen und Gesellschaften der äußeren Umwelt tatsächlich (und nicht idealisiert) umgehen,

○ wie das Unternehmensimage in der äußeren (und inneren) Umwelt bestellt sein soll.

Diese Strukturen bilden in einem fremdreferentiellen System kybernetische (über Informationsströme konstituierte und funktionierende) Regelkreise mit der inneren und äußeren Umwelt. Bei sozialen Systemen vom Typ Institutionen (und dazu zählen die weitaus meisten Unternehmen) sind in den Regelkreis Verzögerungsfaktoren (VF) »eingebaut«. Sie repräsentieren die »systemische Trägheit«. Die Strukturen passen sich also mit einer bestimmten durch diese Trägheit definierten Verzögerung an die Informationen aus der inneren und äußeren Umwelt an. Die tatsächliche durch die Verzögerungsfaktoren verursachte Verschiebung hängt von mancherlei zusätzlichen Eigenarten der abfließenden und einströmenden Informationen ab. So ist zu erwarten, daß ein Potentialgefälle (wenn etwa eine erhebliche Informationsappetenz im System oder in einer seiner Umwelten entsteht) auf beiden Seiten von VF die Dauer der Verzögerung mindert. Andere Informationen, die etwa eine Strukturanpassung gegen den vorhandenen Anpassungstrend einfordern, werden sehr viel längere Zeit benötigen, Verzögerungsfaktoren zu überspringen.

Von besonderer Bedeutung sind aber die Weltanteile, die nicht zur Umwelt werden (»unverständliche Welt«). Zu dieser Welt rechnen wir alle Bereiche von »Welt«, die in das System (oft für den Systemerhalt lebenswichtige) Informationen eingeben, die aber vom System aufgrund seiner strukturellen Vorgaben nicht sinnvoll verarbeitet werden können. Ebenso erheblich sind jene Informationen, die vom System in die »unverstandene Welt« gegeben werden – und mit denen diese Welt nichts anfangen kann. Die Weltreaktionen liegen nicht im Erwartungshorizont der Systemvertreter. So sind etwa die Informationsströme, die bei einer »Umweltpanne« aus einem Unternehmen der chemischen Industrie abgegeben werden, oft Informationen für die »unverständliche Umwelt« der Systemvertreter.

Auch ist zu bedenken, daß diese »unverständliche Welt« in Wechselwirkung mit der inneren und äußeren Umwelt auf diese strukturierend wirkt. Das ist um so mehr zu erwarten, als die »unverständliche Welt« keineswegs für die beiden systemischen Umwelten »unverständlich« sein muß. Ihre Impulse können dazu führen, daß die Inputs aus der inneren und äußeren Umwelt des Systems dieses erheblich labilisieren und eine strukturelle Anpassung erzwingen.

Somit können wir als wichtige Managementfunktionen ausmachen:
○ Die Optimierung der Systemfunktionen durch die Optimierung der Verzögerungsfaktoren.
○ Die Optimierung der Systemfunktionen durch die Umwandlung von »unverständlicher Welt« in äußere (oder innere) Umwelt.
○ Die Nutzensoptimierung für beide Umwelten über Mehrzielentscheidungen.
○ Das Einbringen von ethischen Werten in die Entscheidungsfindung, um über all das dem System zu dienen.

Einige dieser Management-Funktionen sollen hier etwas weiter ausgeführt werden:

a. Eine wichtige Managerfunktion ist die Beobachtung der Prozesse der äußeren (ökonomischen, politischen, sozialen und kulturellen) Umwelt, insoweit sie für die Marktentwicklung erheblich sein können. Diese Prozesse sollen, wenn sie nicht beeinflußt werden können, möglichst wertfrei interpretiert werden. Hierher gehören etwa:

○ Änderungen in den Konsumgewohnheiten,
○ Akzeptationswahrscheinlichkeit neuer Produkte,
○ Veralterung bestehender Güter,
○ Änderungen im Marktverhalten der Mitbewerber,
○ Änderung der Werte (»Umweltschutz«, »Energiesparen«, »Konsumverzicht«, »Sonntagsarbeit«),
○ Umorientierung in bezug auf die politischen und sozialen Rahmenbedingungnen (Regierungswechsel, reglementierende Gesetzgebung, Vergrößerung des Sozialaufwands, Veränderungen in der Steuer-, Geldmengen-, Subventionspolitik),
○ Änderungen in der Konsumentenpsychologie (Veränderung der Sparquote, Verschiebungen zu langlebigen Gütern, Verschiebungen zum Kauf von Dienstleistungen, Höherbewertungen von zusätzlichen Serviceleistungen).

Es ist zu betonen, daß all diese Veränderungen nicht sicher vorherzusehen sind. Es kommt hier auf die Fähigkeit des Managers an, kreativ unter den möglichen und an sich vernünftigen Entscheidungen unter Unsicherheit die auszuwählen, die eine optimale Dichte an zukünftiger Realität sichert. Diese Form der Kreativität setzt voraus, daß der Entscheidende sich *stets* bewußt bleibt, daß seine Wahl unter Unsicherheit getroffen wurde. Er muß bereit sein, sie umgehend zu ändern, sobald sich eine der wichtigen Randbedingungen anders entwickelt, als vorausgesehen wurde. Im Mittel kann man von einer Entscheidungseffizienz von knapp fünfzig Prozent ausgehen (das heißt, etwa fünfzig Prozent der Entscheidungen eines guten Managers liegen im Sektor »richtige Entscheidung«). Die übrigen sind suboptimal oder gar falsch und bedürfen rechtzeitiger Korrektur.

b. Eine zweite wichtige Managementfunktion ist die Planung der Unternehmensabläufe in dem Bemühen, die Unternehmensstrukturen an die Bedürfnisse und Interessen der beiden Umwelten anzupassen, insofern sie nicht auf die Unternehmensstruktur ausgerichtet werden können oder sollen.

»Planung der Unternehmensabläufe« ist hier nicht verstanden als Konzeption einer computergestützten Plankostenrechnung (deren Bedeutung für unternehmerische Entscheidungen hier nicht geleugnet werden soll). Gemeint sind vielmehr die von Joseph Alois Schumpeter in »Das Wesen und der Hauptinhalt der theoretischen Nationalökonomie« (1908) aufgelisteten Unternehmeraktivitäten. Schumpeter zeichnet das Bild eines mit kalkuliertem Risiko arbeitenden dynamischen Unternehmers, der, jenseits aller systemischen Zwänge, mit Hilfe von Bankkrediten aufgrund kreativer Begabung »neue Kombinationen«, das heißt eine neuartige oder doch andersartige Verwendung der beschränkten Produktionsmittel (»Innovationen«), durchsetzt und so Konjunktur schaffend oder stützend tätig wird. Der Unternehmer wird stets versuchen, den »idealen Markt«, ja jeden makroökonomischen Gleichgewichtszustand zu verhindern. Dazu wird er neue Produkte erzeugen und durchsetzen, neue Produktionsmethoden einführen, neue Unternehmensstrukturen schaffen, neue Absatzmärkte erschließen, neue Bezugsquellen entdecken. Dies alles ist aufgrund verantworteter und kreativer Planung zu erreichen. Kreativität steht hier oft gegen Zweckrationalität. Das ökonomische Prinzip wird nicht handlungsleitend, sondern als Rahmenprinzip akzeptiert.

Nicht wenige Unternehmen planen allenfalls für zwei oder drei Jahre. Sie werden nicht von Unternehmern, sondern von »Betriebsleitern« (Schumpeter) geführt, die sich an erster Stelle den Systemstrukturen (und hier vor allem den Kapitaleignern) verpflichtet wissen. Sie scheuen jedes Risiko aus Angst, daß es negative Folgen für sie haben könnte. Wenn zwischen Planung und Entwicklung eines neuen Produkts mehr als fünf Jahre liegen, werden sie sich mit dem Bestehenden begnügen. Winfried M. Bauer spricht von einer »erschreckenden Hilflosigkeit gegenüber Planungen« im europäischen Management.

c. Eine dritte Managementfunktion besteht in der Vermittlung zwischen den Interessen des Faktors Arbeit (deren Erbringer zur

Inneren Umwelt gehören) und des Mittels Kapital (deren Erbringer zur Äußeren Umwelt des Unternehmens gehören). K. Marx sah im unüberbrückbaren Interessengegensatz beider die Grundlage seiner philosophischen Analyse und seiner Lehre vom Klassenkampf. Relikten solcher fossilen Einstellungen begegnen wir gelegentlich noch in den Theorien zum Arbeitskampf. Sie übersehen, daß im strukturellbedingten Institut des Managements (falls dieses seiner Funktion gerecht wird), eine auf fairen Interessenausgleich bedachte Einrichtung zur Verfügung steht, die den scheinbaren Antagonismus von Arbeit und Kapital überwindet.

d. Eine vierte Managementfunktion ist die Ersetzung funktionalen Agierens durch personales Handeln. Der Systemfunktionär, der kaum anderes tut, als die systemischen Strukturen und die Interessen eines selbstreferenziellen Systems zu exekutieren, wird niemals Managementfunktionen wahrnehmen. Der Manager dagegen wird die von selbstreferentiellen Prozessen eingeforderte Überbesetzung von Positionen, die unter Gemeinkosten anfallen, auf ein Minimum beschränken, wohlwissend, daß eine Aufblähung dieser Kostenstellen nicht nur überflüssigen Aufwand verursacht, sondern die systemische Trägheit massiv vergrößert und somit Kreativität mindert oder gar blockiert. Ein sich selbst überlassenes selbstreferentielles System fördert eine erschreckende Herrschaft des Mittelmaßes (vor allem im Gemeinkostenbereich, in dem sich zahlreiche Möchtegernmanager ansiedeln, die aufgrund von miserabler Delegationspolitik sogar unternehmensrelevante Entscheidungen treffen können). Ein selbstreferentielles System schafft sich Phantasiebilder von beiden Umwelten und löst sich so zunehmend von Realität ab. Der Pseudomanager ist einsam, weil er kommunikations- und teamunfähig (geworden) ist. Das soll nun keineswegs heißen, daß alle Mitglieder des sogenannten Mittelmanagements (also weisungsgebundene »Manager« ohne eigentliche Unternehmerfunktionen) unter dieses Verdikt fallen. Leider verkennen nicht wenige Unternehmen, daß nur solche Kräfte geeignet sind, in Unternehmerfunktionen einzutreten.

Zumeist bestimmen die Pseudomanager, die Systemagenten, das Bild vom Manager in der Öffentlichkeit. Systemagenten sind (oder geben sich doch als) kalte Rechner, deren einziges Sinnen darauf gerichtet ist, möglichst hohe Gewinne zu erwirtschaften. Das sind, nach verbreiteter Überzeugung, Menschen, die über Leichen gehen, die Umwelt verschmutzen, Arbeitskräfte freistellen, Waffen produzieren und Tiere quälen nur um des lieben Geldes willen. Das sind Menschen, die von menschlicher Angst und Sorge, von menschlicher Kommunikation keine Ahnung haben und sich für das Geschehen außerhalb des Unternehmens nicht interessieren. »Verwerfliche Motive, fehlende Ehrlichkeit und mangelnde positive Charaktereigenschaften« werden ihnen unterstellt (Winfried M. Bauer). Sie wählen selbst (anfangs als Maskerade) das Syndrom »Alexithymie« (das heißt die Unfähigkeit, mit eigenen und fremden Emotionen sinnvoll umzugehen) als psychisches Strukturelement. Eigene und fremde Gefühle (wie Ängste oder Antipathien, Sorgen und Hoffnungen) und Bedürfnisse (nach Freundschaft, sozialer Geborgenheit, geschenktem Vertrauen) opfern sie der Zielsetzung eines selbstreferentiell funktionierenden Systems.

Die (unbewußte) Mentalität, die die Abläufe eines solch selbstreferentiellen Unternehmens bestimmt, besingt ein Schlager der siebziger Jahre: »Volle Kraft voraus auf das nächstbeste Riff: Wir haben alles im Griff auf dem sinkenden Schiff!«

Daß es auch eine große Zahl von Managern gibt, denen die Sorge für das Gemeinwohl tatsächlich ebenso wichtig ist wie die Sorge für das Wohl des eigenen Unternehmens, denen die Sorge um die gerechte Behandlung der Kapitaleigner ebenso wichtig ist wie die für die Mitarbeiter, wird oft vergessen. Aber sie bestimmen nicht das Managerbild, das sich im allgemeinen Bewußtsein einnistete. Eine wichtige Managementaufgabe wird es sein, ein neues Managementimage zu schaffen. Das aber setzt eine entwickelte Kommunikationsfähigkeit des Managers in beiden Umwelten voraus. Wie oft sie fehlt, mag man unschwer aus den Interviews, die Manager oder ihre Verbandsvertreter den Massenmedien geben, erkennen.

Offensichtlich stellt die Dialektik Normen für eine solche sinnvolle Kommunikation mit beiden Umwelten bereit. Wenn uns auch in diesem Buch vor allem die Interaktionen in der inneren Umwelt interessieren, lassen sich die aufgestellten Regeln ohne große Übersetzungsschwierigkeiten auf die äußere Umwelt übertragen. Die

Systemstrukturen, die ein menschliches *und* rationales Miteinander-umgehen in Kommunikationsgemeinschaften fordern, bestimmen auch weitgehend die Strukturen der beiden Umwelten, insoweit sie für das Unternehmen erheblich sind.

An dieser Stelle sind einige Bemerkungen zu den Themen »Corporate Identity«, »Unternehmensphilosophie« und »Führungsrichtlinien« angebracht, denn diese sind entweder Objektivationen der Unternehmensstruktur (also seiner Standards) oder reine Ideologien (Wunschträume oder Illusionen), die nicht der Realität entsprechen. Realitätsabgelöste Konzepte können hier ebenso die Einführung dialektischer Techniken erschweren, wie sie durch Realitätsdichte erleichtert werden können.

2. Über Corporate Identity (CI)

CI (Unternehmensidentität) bezeichnet das aufgrund einer Unternehmensstrategie über kommunikative Techniken geschaffene Erscheinungsbild eines Unternehmens in der inneren und äußeren Umwelt. Sie soll als *Unternehmensidentität* Ausdruck der *Unternehmensphilosophie* sein. Gelingt der Transfer in die Umwelten, spricht man von *Corporate Image* (Unternehmens-Sollbild im Unterschied zum Unternehmens-Istbild).

Ähnlich wie personale Systeme ihre Identität ausbilden, um optimal mit anderen sozialen und personalen Systemen zu interagieren, streben auch die sozialen (etwa vom Typ »Unternehmen«) danach. Wie aber die Ausbildung der personalen Identität (etwa bei Psychotikern) mißlingen oder (wie etwa bei Neurotikern) suboptimal ausgehen kann, so daß die Interaktionen mit der personalen und sozialen Umwelt nicht den erwarteten Erfolg haben oder gar völlig − bis hin zum Identitätsverlust − regelmäßig scheitern, kann auch eine bestehende CI suboptimal bis hin zum Bankrott des Unternehmens angelegt sein. Ich schlage darum vor, die Begriffe »Neurose« und »Psychose« nicht nur für fehlangepaßte, fehlinterpretierende, fehlwahrnehmende, fehlverarbeitende personale Systeme zu verwenden, sondern auch für soziale Systeme, die analoge Defekte und Symptome zeigen.

Wie jede personale Identitätsbildung von einer realitätsdichten Selbsterkenntnis und Selbstannahme auszugehen hat, muß auch die geplante Identitäts(um)bildung eines Unternehmens darauf aufbauen. Geht die CI-Strategie in der Ist-Bestimmung von realitätsabgelösten Selbstbildern des Unternehmens aus, wird eine realistische Soll-Bestimmung der Identität mit Sicherheit scheitern. Ich vermute, daß eine CI-Strategie nur von einem Team verantwortet entwickelt werden kann, das (a) selbst längere Zeit kritisch im Unternehmen in einer wichtigen Unternehmensfunktion tätig war und dennoch (b) die Unternehmensstrukturen nicht unkritisch internalisierte (und damit »betriebsblind« wurde).

CI hat folgende Elemente (das sogenannte »CI-Mix«):

○ Corporate Behavior,
○ Corporate Communication (Unternehmensmarketing) und
○ Corporate Design (Unternehmensgestalt).

Corporate Behavior bezeichnet die das Verhalten des Systems »Unternehmen« charakterisierenden Muster gegenüber der inneren und äußeren Umwelt. Hierher gehören (a) das instrumentale Unternehmensverhalten (etwa Preispolitik, Führungsstil), (b) das Personenverhalten (die Art und Weise, wie die Mitglieder des Unternehmens ihre Interaktionen in der inneren und äußeren Umwelt gestalten, wenn sie als Unternehmensmitglieder tätig werden) und (c) das politisch und ethisch reflektierte Medienverhalten (etwa die »Kommunikationspolitik«, wie sie sich im Stil der Öffentlichkeitsarbeit, des Verhältnisses zu den Massenmedien, der Werbung darstellt).

Corporate Communication bezeichnet die kommunikativen Strategien des Systems »Unternehmen« als eines Ganzen, die es wählt, um von einer gewandelten (oder fehlenden) CI zu einem neuen Corporate Image zu gelangen. Diesen Prozeß kennen wir aus dem Bereich der Personal Identity unter dem Namen »Psychotherapie«. Es handelt sich um ein auf das Unternehmen (und nicht auf ein Produkt) bezogenes Marketing, das sich keineswegs auf bloße Unternehmens-Werbung beschränken darf. Das »Unternehmensmarketing« umfaßt alle Maßnahmen der Ausrichtung relevanter Unternehmensaktivitäten (etwa die Kontrolle der in das Unternehmen einfließenden und es verlassenden Informationsströme und deren Verarbeitung in den Umwelten sowie der unverständlichen

Welt. Hier ist besonders mit der Schwierigkeit zu rechnen, daß von einer Informationsüberlastung von nahezu 98 Prozent ausgegangen werden muß (das heißt, nur etwa zwei Prozent der Output-Informationen werden in der beabsichtigten Weise ursächlich wirksam). Eine weitere Schwierigkeit kommt aus der mehr oder minder institutionalisierten Vorurteilsstruktur, die die Umwelten (vor allem die äußeren) beherrscht (das gilt für die Reaktorindustrie ebenso wie für die chemische oder pharmazeutische). Die durch Vorurteile erzeugten Widerstände können sehr oft nicht durch Informationen aufgelöst werden. Informationen werden vielmehr im Sinne der Vorurteile verarbeitet.

Corporate Design bezeichnet das visuelle Unternehmensbild. Es soll das Unternehmen über einen entwickelten »Firmenstil« nach innen und außen als Einheit erscheinen lassen. Hierher gehören etwa das Firmengebäude, das Logo (Firmenzeichen), die Gestaltungsrichtlinien der Briefbögen, der Innenarchitektur, der Anzeigen und der Produktverpackung.

Corporate Behavior stellt das von den meisten Unternehmensberatern fahrlässig vernachlässigte, jedoch wesentliche und unverzichtbare Element der gewandelten CI dar. Die beiden anderen erfüllen nur Hilfsfunktionen. Ich vermute, daß ohne das Beherrschen dialektischer Techniken ein Corporate Image, das der CI entspricht, nicht zustande kommen kann. Sehr viele Unternehmen, deren Corporate Image im deutschsprachigen Raum weit über dem Durchschnitt liegt, wenden − institutionalisiert − in Entscheidungsprozessen dialektische Techniken an. Aber auch das Gegenteil ist zu bedenken: Nicht wenige Unternehmen unterliegen hier − durch schlechte Unternehmensberatung verführt − manch unfrommer Täuschung.

Ist die CI realitätsdicht organisiert (und entspricht somit analog der Identität eines personalen Systems von hoher Konfliktfähigkeit) und gelingt ferner der Aufbau eines der CI entsprechenden Corporate Images, wird ein *Unternehmensleitbild* (ein realistisches Zukunftsbild vom optimalen Zustand des Unternehmens) entstehen können das als wirksames allgemeines Orientierungskonzept der Unternehmensplanung dienen kann. Es bleibt aber festzustellen, daß es nicht möglich ist, einen Identitätswandel beliebiger Art zu erzeugen. Dem steht vor allem einerseits die bestehende Unternehmenskultur entgegen und andererseits das *bestehende* Öffentlichkeitsbild.

Eine *Unternehmenskultur* (Corporate Culture) ist nicht zu dekretieren. Sie entwickelt sich irreversibel im Verlauf der Unternehmensgeschichte. Jedes Unternehmen mit einer eigenen Geschichte (also ein Unternehmen, das älter als drei oder vier Jahre ist) entwickelt (durchaus einem personalen System vergleichbar) über soziale Mechanismen schicksalhaft eine solche »Kultur« (oder auch »Unkultur«). Hierher gehören vor allem die *Basic Beliefs,* die als selbstverständlich angenommenen Wertorientierungen (die Nützlichkeit von Entscheidungen und Handlungen betreffend) und Einstellungen (die Brauchbarkeit von Entscheidungen und Handlungen betreffend). Diese Basic Beliefs sind grundsätzlich nicht so weit bewußtzumachen, daß sie manipulatorisch beeinflußt werden können. Erst durch lang anhaltende Trends in der Entwicklung systemischer Seinsstrukturen können sie verändert werden. Dennoch werden Verstöße gegen die Basic Beliefs durch soziale Isolation, durch mangelnde soziale Akzeptation geahndet. Die Basic Beliefs machen einen wesentlichen Bestandteil der nicht bewußtseinsfähigen Strukturelemente eines Unternehmens aus.

Konkret werden in einer Firma verschiedene Abteilungen unter Umständen verschiedene Philosophien ausbilden. Dieser Prozeß ist der stärkste Motor für eine Evolution der Philosophie des Gesamtunternehmens.

Von hierher wird aber auch das Moment der *sozialen Passung* wichtig. Ein Vorgesetzter oder Mitarbeiter, der die Basic Beliefs nicht internalisiert, wird nicht »dazugehören«, seine soziale Passungsfähigkeit gilt als nicht genügend entwickelt. Die Unternehmenskultur ist ein wichtiger Teil der Unternehmensstruktur.

Das *Unternehmensleitbild* objektiviert (vergleichbar dem Selbstideal eines personalen Systems) die meist idealisierten bewußtseinsfähigen Anteile der Unternehmensstrukturen. Die Unternehmensphilosophie ist den Basic Beliefs genauso zuzuordnen wie dem Unternehmensleitbild die *Policy*. Diese sind die Grundsätze der Unternehmenspolitik. Sie haben vor allem drei Funktionen:

○ Orientierungsfunktion. Sie soll die Soll-Identität des Unternehmens ausdrücklich machen.

○ Motivationsfunktion. Sie soll die Identifikation der Mitglieder eines Unternehmens mit dem Unternehmen sichern oder verstärken.

○ Legitimationsfunktion. Sie soll die handlungsleitenden ökonomischen, sozialen, ethischen Werte und Interessen so vermitteln, daß die ökonomische, soziale und ethische Funktion des Unternehmens für beide Umwelten erkennbar und akzeptabel ist.

Das Unternehmensleitbild wird in aller Regel nicht nur Ist-Zustände erfassen, sondern auch Soll-Zustände vorgeben. Um eine solche Vorgabe sinnvoll (das heißt effizient) zu machen, wird die Entwicklung einer *Unternehmensphilosophie* unverzichtbar sein, die die Unternehmenspolitik unterstützt. Eine realistische Unternehmensphilosophie wird die ihr von der Unternehmenskultur gezogenen Grenzen berücksichtigen. Sie sollte wenigstens folgende Fragen beantworten:

○ Was bewegt das soziale System »Unternehmen«? An welchen Größen sollen sich die Strukturen prüfen und orientieren lassen (wie Verantwortung, Erfolg, Vertrauen, Pflicht)?

○ Welche Eigenschaften soll das Unternehmen in den Augen der Mitglieder der inneren und äußeren Umwelt haben (wie Solidarität, Menschlichkeit, Qualitätsorientierung, Verläßlichkeit)?

○ Wie laufen die Entscheidungsprozesse im Unternehmen ab (wie Führungsstil, Rolle der verschiedenen Leitungsfunktionen, Planung, Personenorientierung, Produktorientierung, Kundenorientierung, Marktorientierung)?

○ Welche Einstellungen werden bevorzugt (wie etwa zu Mitbewerbern, zu Autorität, zu Autonomie und Heteronomie, zu Koordination und Subordination, zu Spontanität und Reflexion, zu Elite und Mitläufern)?

Diese Ausführungen mögen verdeutlichen, daß CI keineswegs vorrangig eine Sache der Marketingabteilung eines Unternehmens ist. Auch kann man sie nicht als »Wunderwaffe« ausloben.

Fassen wir hier einmal die strategischen Stoßrichtungen zusammen, die einer erfolgreichen CI-Strategie zugrunde liegen müssen.

a. Die Ist-Analyse muß realitätsdicht und unverschönt erfolgen. Sie kann im Regelfall – wegen wenigstens partieller Betriebsblindheit, die durch die Internalisierung der bisherigen Strukuren zustande kommt – nicht von einem oder mehreren Mitgliedern des Unternehmens so zutreffend erstellt werden, daß sie weitgehende Entscheidungen rechtfertigt. Hier ist es dringend angebracht, einen Unternehmensberater einzuschalten, der auf das Erstellen von Ist-Analysen (und nicht etwa auf die Produktion von CI-Konzepten) spezialisiert ist. Er muß neben betriebswirtschaftlichen Kenntnissen auch über ausreichend massenpsychologisches, sozialpsychologisches und betriebsethisches praktisches Wissen verfügen, das übrigens nicht über die Versuch-Irrtums-Methode autodidaktisch erworben werden kann. Ist er vor allem an dem Verkauf von CI-Konzepten interessiert, wird seine Ist-Analyse so ausfallen, daß er eines seiner mehr oder minder bewährten »Patentrezepte« einfach als anwendbar deklariert (die meisten Unternehmensberater verfügen übrigens über etwa ein halbes Dutzend solcher »Rezepte«). In der Vergangenheit mußte ich einen beachtlichen Teil meiner Arbeitszeit darauf verwenden, solche Fehler wieder glattzubügeln beziehungsweise realistische neue Konzepte zu entwerfen.

b. Kann nach erfolgter Ist-Analyse sicher festgestellt werden, daß mangelnder Unternehmenserfolg (und dazu gehört keineswegs nur der in Bilanzgewinnen ausweisbare) auf eine fehlende, unzureichende, mangelhafte (weil realitätsabgelöste) Unternehmensidentität zurückzuführen ist (und nicht etwa auf Managementfehler), sollte man an die Korrektur der Unternehmensidentität denken.

Dazu muß an erster Stelle das Corporate Behavior geändert werden. In der Sprache der Philosophie heißt dies: Zunächst muß der Seins-Aspekt der Unternehmensstruktur (dazu gehören vor allem die Elemente des Corporate Behavior) geändert werden, um die Bewußtseins-Aspekte der Struktur (die tatsächlichen Grundüberzeugungen und Werteinstellungen, wie sie sich keineswegs in Unternehmensleitsätzen, Führungsrichtlinien oder anderen zur erbaulichen Lektüre geeigneten Papieren vorstellen) zu verändern. Die Unternehmensidentität ist (ähnlich der personalen Identität) ein Bewußtseinsphänomen, das vom Sein informationsursächlich geschaffen wird – und es, nachdem es einmal geschaffen wurde, in seinem Zustand stabilisiert.

Da auch das mit einer suboptimalen CI ausgestattete Unternehmen mittels seiner suboptimalen Unternehmensidentität die bestehenden, in gleicher Weise suboptimalen Standards des bestehenden Corporate Behavior stabilisiert, wird gegen jede Veränderung des »Unternehmensverhaltens«, die nicht zugleich getragen wird von einer veränderten Unternehmensidentität, ein erheblicher Widerstand entwickelt. In der personalen Psychologie sprechen wir von »Behandlungswiderstand«, der den augenblicklichen mehr oder minder stabilen Zustand des psychischen Systems aufrechtzuerhalten versucht. Dieser Widerstand gegen jede Änderung beschert auch sozialen Systemen eine erhebliche Trägheit, die aus den verschiedenen VF des Inputs bestimmt werden kann. Es empfiehlt sich dringend festzustellen, welcher der Inputverzögerungsfaktoren für eine unerwünschte, überstarke Systemträgheit vor allem verantwortlich ist, um gezielte Maßnahmen ergreifen zu können. Ein im Input-Bereich träges System kann im Output-Bereich hektische Aktivität entfalten. Sie wird jedoch kaum eine wünschenswerte Veränderung des Images bewirken.

c. Um eine erfolgreiche Veränderung der CI durchzuführen, ist es notwendig, eine Hierarchie von Schritten in der Korrektur des Corporate Behavior zu gehen, da in der Regel ideale Zielvorgaben nicht im Sprungverfahren erreicht werden können. Hierher gehören etwa:

○ Auswahl geeigneter Führungskräfte, die sowohl in der Lage sind, die bestehenden Widerstände sinnvoll (das heißt mit vertretbaren Reibungsverlusten nach innen und außen) zu überwinden, als auch über zureichende soziale Performanz verfügen, neue Interaktionstechniken (etwa die von der Dialektik nahegelegten) ein- und durchzuführen.

○ Belohnung der Mitarbeiter, die sich in ihrem Verhalten an die neuen Vorgaben anpassen.

○ Aufbau oder Neuorganisation von Abteilungen, so daß Führungssituationen in Form von Kommunikationsgemeinschaften (und nicht von Institutionen mit mehr oder minder »anonymer Autorität«) praktiziert werden können.

102

Ebenso muß ein Stufenkonzept zur Veränderung

○ des Selbstbildes (des Bildes also, das die im Unternehmen Tätigen von Unternehmen haben) hin auf dessen Vereinheitlichung, Konsistenz und Effizienz in Richtung auf das angestrebte Corporate Image und

○ des Fremdbildes (des Bildes also, das die äußere [politische, soziale, ökonomische, kulturelle] Umwelt vom Unternehmen hat) ebenfalls in Richtung auf dessen Vereinheitlichung, Konsistenz und Effizienz,

entwickelt werden.

Dabei ist es von entscheidener Bedeutung, daß je nach der Art der Veränderung und der Geschwindigkeit, sie zu erreichen, das bestehende CI-Konzept überprüft und − gegebenenfalls − modifiziert werden muß. Die Fähigkeit, das CI-Konzept an die jeweils neuen Bedingungen des veränderten Selbst- und Fremdbildes anzupassen, ist, wenn es zu einem optimalen Corporate Image kommen soll, *unverzichtbar*. Auch hier können erhebliche Widerstände auftauchen, die vor allem vom Vorstand oder von der Unternehmensberatung ausgehen werden, die sich mit einem idealen CI-Konzept identifizieren und deshalb nicht oder nur unwillig bereit sind, sich unter dem Anspruch, ja dem Druck des Seins von ihm zu lösen.

In den beiden vorhergehenden Abschnitten haben wir verschiedentlich ein Problem gestreift, das für ein erfolgreiches Management wie für ein erfolgreiches Unternehmensimage (Corporate Image) von zentraler Bedeutung ist. Im Horizont unserer dialektischen Problematik stellt sich darum folgende Frage: Welche Unternehmensethik ist vorauszusetzen, damit dialektische Techniken erfolgreich realisiert werden können?

3. Über Unternehmensethik

Die Ausführungen der vorhergehenden Abschnitte dieses Kapitels werden deutlich gemacht haben, daß die Entwicklung einer Unternehmensethik betriebswirtschaftlich unverzichtbar ist.

Ethisch orientierte unternehmerische Entscheidungen sind in Verbindung mit ökonomisch orientierten (also im Sinne von Mehr-

zielentscheidungen) immer dann möglich, wenn eine Volkswirtschaft
O marktkwirtschaftlich organisiert ist und somit dem Management
   erhebliche Entscheidungsspielräume zur Verfügung stehen und
O vom Modellzustand der »vollkommenen Konkurrenz« (beziehungsweise des »vollkommenen Markts«) zureichend weit entfernt ist.
Betriebswirtschaftlich muß das Unternehmen zudem zureichend
weit vom Break-even-Punkt entfernt produzieren.

Das Funktionieren einer Unternehmensethik ist aber auch *volkswirtschaftlich* wünschenswert. Fehlt sie oder regelt sie unternehmerische Entscheidungen nicht zureichend, wird es zu einer zunehmen-
den Gängelung und Reglementierung der Wirtschaft durch politische Instanzen kommen. Hohe Arbeitslosenquote, zunehmende
Umweltbelastung, Lebensmittelskandale, unsolide Werbeprakti-
ken, Produktion gesundheitsgefährdender Substanzen, Diskriminie-
rung von Frauen oder Behinderten können im Prinzip durch politische Eingriffe in die Ökonomie behoben oder gemindert werden,
und somit ist Unternehmensethik partiell durch Gesetze substituierbar. Aber ist eine solche Substitution auch wünschenswert?
Abgesehen davon, daß sie allen Vorstellungen eines positiven
Unternehmensbildes widerspricht und damit alle Bemühungen um
eine verbesserte CI auf das Gebiet marktschreierischer Werbung
verweist, bringt sie ein schleichendes Abgleiten in sozialistische
Vorstellungen, nach denen wichtige ökonomische Ziele von politischen Instanzen vorzugeben und notfalls zu erzwingen sind, mit
sich: Die Freiheit und Sicherheit der Bürger werde durch immer
mehr Gesetze nicht etwa eingeschränkt, sondern allein gesichert.

Es ist erstaunlich, wie wenig volkswirtschaftliche Verantwortung
in viele unternehmerische Entscheidungen eingeht. So bedeutet
etwa die Verminderung von Arbeitsplätzen durch »natürliche Fluktuation« durchaus einen positiven Beitrag zur Vermehrung der
Massenarbeitslosigkeit. Betriebswirtschaftliche Rationalität und
volkswirtschaftliche weisen keineswegs immer in dieselbe Richtung.
Es ist deshalb kaum abwegig, die volkswirtschaftliche in unmittel-
barere Nähe zum Gemeinwohl zu stellen und damit zur Wahrung
und Mehrung öffentlicher und halböffentlicher Güter als die
betriebswirtschaftliche. Auch von hierher wird deutlich, wie unver-

zichtbar für eine Optimierung des Gemeinwohls eine praktizierte Ethik ist.

Im Prinzip kann eine Unternehmensethik funktional (als Funktion systemischer Strukturen) oder personal (in Gewissensentscheiden konkreter Personen gründend) konzipiert werden. Eine funktionale Ethik (sie verdient den Namen »Ethik« nur in analoger Begriffsverwendung, da sie keine Vorgaben für die Bildung und Realisation des personalen Gewissens hergibt) bezieht ihre Rechtfertigung aus ökonomischen Gründen.

○ Der Interaktions- und Transferaufwand (der etwa durch Reibungsverluste mit der inneren und/oder äußeren Umwelt, durch Widerstände politischer Instanzen, durch die Durchsetzung von Rechtsansprüchen entsteht) wird gemindert,

○ der Imageertrag (durch ein verbessertes Firmenimage und eine bessere Motivation vieler Mitarbeiter) kann erheblich sein.

Eine personale Ethik hat vor allem die ökonomische Funktion, das Corporate Behavior und damit mittelbar den Unternehmenserfolg zu verbessern.

Man hat lange über die Frage diskutiert, ob die Realisation von Ethik in einem Unternehmen wenigstens stets auch ökonomisch begründet sein muß. Wir werden heute diese Frage verneinen, da durchaus Fälle denkbar sind (und in der Praxis oft genug vorkommen), in denen die personale Ethik, die sich im Spruch des moralischen und/oder sittlichen Gewissens der Entscheidenden repräsentiert, in offenen Widerspruch treten kann zu den Forderungen des ökonomischen Prinzips.

Ein Unternehmen handelt niemals als solches, sondern immer nur durch die darin arbeitenden Menschen (selbst wenn ein Kollektiv, etwa der Vorstand, entscheidet, werden Handlungen stets von einzelnen Menschen ausgeführt). Diese Menschen können entweder als Personen handeln oder als Systemagenten. Im ersten Fall realisieren sie kritisch die Standards des Unternehmens vor dem Anspruch ihres personalen Gewissens. Dabei können sehr wohl einige (wohl niemals aber alle) Unternehmensstandards nach kritischer Prüfung Normen des personalen Gewissens werden.

Betroffen von den Entscheidungen ausführenden oder Systemstrukturen exekutierenden Handlungen können sein:

○ das Unternehmen in seiner *Funktion* (etwa Produktion, Marketing, Finanzierung, Verkauf, Einkauf, Personalvertretung),

○ das Unternehmen in seiner *Struktur,* insoweit Handlungen, vor allem wenn sie einer Regel gehorchen, die Strukturen des Unternehmens stabilisieren oder labilisieren und modifizieren können,

○ die *innere (personale) Umwelt* des Unternehmens (sie wird gebildet durch die im Unternehmen Tätigen),

○ die *äußere personale Umwelt* des Unternehmens (dazu gehören Kunden, unter den Emissionen des Unternehmens Leidende, insofern sie Personen sind, Mitarbeiter von Unternehmen, die mit dem bezogenen Unternehmen im Wettbewerb stehen) und

○ die *äußere systemische* (politische, soziale, kulturelle, ökonomische) *Umwelt* der Firma.

Diese Bereiche wären in einer umfassenden Unternehmensethik gesondert abzuhandeln. Da unser Interesse ausschließlich der Dialektik als einem wichtigen und unverzichtbaren Anteil des Corporate Behavior gilt, dürfen wir hier etwas pauschal verfahren und auf die Darstellung einzelner Anwendungsfälle verzichten. Doch sei darauf verwiesen, daß eine entwickelte Unternehmensethik über empirisch zureichend brauchbare mikro- und makroökonomische Modelle verfügen muß, die uns heute nur in ökonomischen Einzelfragen zur Verfügung stehen.

Einen für unser Thema wichtigen Teil der Unternehmensethik bildet die *Managementethik.* Wir gehen davon aus, daß Managemententscheidungen in der Regel Mehrzielentscheidungen sind, bei denen (in unserem Modell) ökonomische und ethische Güter miteinander konkurrieren.

Berücksichtigen wir zunächst die für die Ethik des Corporate Behavior wichtige *Ethik der Normenbildung.* »Normen« stellen die Seins-Aspekte systemischer Strukturen dar. Sie regulieren vor allem die typischen, vom System informierten Interaktionen zwischen den Mitgliedern der inneren Umwelt des Systems. Zu den inneren Normen gehört etwa die Art des Führens, des Kritisierens, des Motivierens, der Kommunikationsverarbeitung, des Verhaltens bei Kommunikationsflußstörungen und bei Konflikten. Ein ethisch verantwortetes Miteinanderumgehen ist übrigens auch möglich (oft gerade dann auch aus ökonomischen Gründen dringend erfordert), wenn das Unternehmen am oder unterhalb des Break-even-Punkts produziert. Wichtig ist, zu erkennen, daß nicht etwa eine von einem Vorstand oder einem Unternehmensberater verordnete Unternehmensphilosophie das Miteinanderumgehen bestimmt, sondern – umgekehrt – das Miteinanderumgehen die sich in den Bewußtseinsstrukturen objektivierende (meist unbekannte) »Unternehmensphilosophie«. Die Vermittlung vieler Interessen, die ein Unternehmen mit seiner inneren Umwelt verbinden, steht also prinzipiell unter ethischem Anspruch.

Einen wichtigen Teilbereich der Managementethik bildet die *Führungsethik*. Führungsethik hat das Ziel, Führen, wie es auf Seite 74 definiert wurde, zu optimalisieren. In diesem Sektor der Managementethik verfügen wir über zureichend gut bestätigte individual- und sozialpsychologische Theorien, die uns mit einem Instrumentar versorgen, das es uns erlaubt, ethische Normen zu entwickeln, die auf Führungsinteraktionen in ökonomischen Institutionen unproblematisch anwendbar sind. Wir können uns bei diesem Beispiel auf den Sonderfall der Behandlung ethikfreien Führens beschränken. Es soll nun keineswegs behauptet werden, daß alle Menschen, die ihre Führungsinteraktionen nicht an einer impliziten oder expliziten Ethiktheorie ausrichten, schlecht führen. Doch nicht wenige von ihnen werden tatsächlich ihren Anforderungen nur ungenügend gerecht. Und das ist ein gewichtiger Grund, sich mit diesem Thema zu befassen. Dabei wollen wir uns auf die Behandlung mangelhafter Führungsfähigkeiten beschränken, die in fehlender sozialer Performanz begründet sind. (Die ethische Problematik der mangelnden fachlichen Performanz sei hier also ausgeklammert.)

In meiner beratenden und schulenden Tätigkeit begegne ich nicht wenigen Managern, die ihre Führungsaktivitäten frei von jeder Ethik gestalten. Sie folgen nicht ihrem Gewissen (selbst wenn sie das sehr nachdrücklich behaupten), nicht einmal irgendwelchen Führungsrichtlinien oder Führungstheorien, sondern ihren Launen, die sie im nachhinein mit Erfahrung, Intuition oder Moral rechtfertigen.

○ So praktizieren sie etwa einen autoritären Führungsstil, sei es, weil sie ein gottähnliches Selbstbild haben oder der Meinung sind, der Kapitaleigner und die von ihm eingesetzten Statthalter seien die einzig legitimierte Quelle von Autorität in einem Unternehmen, oder weil sie zu schwach sind, sich einen anderen Stil leisten zu können.

○ So praktizieren sie eine »sternförmige Kommunikation«, in der sie selbst die anspruchsvolle Rolle des Zentralgestirns übernehmen, das allein berechtigt ist, entscheidungsrelevante Informationen zu empfangen, weiterzugeben und zu verarbeiten, weil sie der merkwürdigen Überzeugung sind, ihre Autorität und Macht gründet in einem Informationsvorsprung, den es somit unbedingt zu erhalten gelte. Die vernetzte Informationsverarbeitung, in der jeder Teilnehmer, der einen entscheidungsrelevanten Beitrag zu leisten hat, mit jedem anderen Informationen austauscht und sie zusammen mit ihm verarbeitet, um *über gemeinsamen Erkenntnisfortschritt* zu einer funktional und ethisch optimierten Lösung zu gelangen, stellt eine höhere Form des Austauschs dar. Daß eine solche Verarbeitung von Informationen zum einen die Teamfähigkeit des Entscheidenden und zum anderen seine emotionale und rationale Beherrschung gruppendynamischer Prozesse mit den ihnen immanenten Formen von Zwängen und Fehlsichtigkeiten voraussetzt, ist unbestritten. Zu solcher Behandlung von Informationen sind viele Entscheider weder psychisch noch technisch in der Lage.

○ Manche kommunikationsunfähigen Manager begegnen ihren Mitarbeitern mit einem elementaren Mißtrauen. Die Einsicht, daß Führen nur dann zu optimalen Ergebnissen führt, wenn die fachlichen und sozialen Begabungen der Mitarbeiter entwickelt werden und die Mitarbeiter sich sozial sicher und personalakzeptiert fühlen, ist ihnen fremd. Sie sind meist irgendeiner Form des marxistischen Denkens verpflichtet, nach dem zwischen den Interessen von Kapital und Arbeit antagonistische Widersprüche bestehen.

○ So sind sie oft launisch und unberechenbar – nur eigenen Bedürfnissen und den vermeintlichen des Unternehmens verpflichtet, die merkwürdigerweise in die gleiche Richtung weisen, da sie das Unternehmen inkorporieren oder introjizieren und sich so mit ihm in einer magisch-mystischen Einheit verbunden fühlen.

Nur ein realitätsfremder Optimist wird leugnen, daß nicht wenige sogenannte »Führungspersönlichkeiten« den einen oder den anderen der angeführten psychosozialen Defekte besitzen. Je größer jedoch das Unternehmen ist und je mehr Wert es auf eine positive CI und ein stimmiges Corporate Image legt, je mehr die Beachtung von »Führungsrichtlinien« dort eingefordert wird, die in der Regel alle diese Defekte ausschließen, desto besser werden sie maskiert und mit zum Teil sehr erbaulichen Worten verschleiert. Wir haben uns in der Unternehmensberatung an die Geltung einer Faustregel gewöhnt: »Je größer die Ideale sind, die von einem Führenden als von ihm praktiziert betont werden, um so größer sind seine psychosozialen Defekte oder kontraproduktiven Gewohnheiten, die ein optimales Führen und Entscheiden ausschließen.«

Wir wissen heute, wohin ein solch funktionaler oder narzißtisch-asozialer Führungsstil, dem Ethik als eine zu personalem und sozialem Handeln verpflichtete Disziplin fremd ist, führt: Es kommt zu erheblichen inneren Reibungsverlusten durch die Demotivation von Mitarbeitern und damit zu erheblichen stillen Kosten, die sich früher oder später auch in der Ertragsrechnung widerspiegeln. Dabei ist sicher nicht zu verkennen, daß gerade gewerbliche Mitarbeiter ihr Leistungsoptimum nicht bei vollständiger Zufriedenheit erbringen. Doch darf das Maß der Unzufriedenheit auch einen bestimmten Grenzwert nicht überschreiten. Dies geschieht aber, wenn ein Führungsstil praktiziert wird, der eines oder mehrere der genannten Kriterien erfüllt. Für viele leitende Angestellte gilt zudem, daß das Maß der Zufriedenheit langfristig mit dem Maß der erbrachten Leistung (dem erwarteten Marktwert ihres Arbeitsprodukts) korreliert.

Ich will hier von einem Sonderfall der Demotivation durch mangelnde soziale Performanz der Führenden sprechen, der mir in meiner psychotherapeutischen Arbeit zunehmend Sorge bereitet: Ein latent bei vielen Managern vorhandenes So-what-Syndrom wandelte sich zum Burnout-Syndrom – ein Faktum, wodurch dem Unternehmen längerfristig erhebliche Kosten entstehen. Hier wird deutlich, daß ökonomische Rationalität im Führungshandeln mit ethischer selten im Widerspruch steht.

Wegen der großen Verbreitung der beiden angeführten Syndrome sollten wir einen Moment lang bei ihnen verweilen. Das *So-what-Syndrom* bezeichnet einen psychisch-strukturellen Schaden, den vor allem Menschen entwickeln, die sich entweder vom Selbst-Ideal her interpretieren oder aber von irgendeiner Form des Habens. Das Selbst-Ideal ist das nur zum Teil bewußtseinsfähige Idealbild, das Menschen von sich haben. Keiner kann diesem Ideal gerecht werden. Auf dieses Zurückbleiben hinter dem Ideal reagieren viele Menschen zunächst mit Schuld- oder Schamgefühlen oder auch mit einer Beeinträchtigung ihrer Selbstachtung. Da sie mit solchen Emotionen als eine Dauereinrichtung nicht leben mögen oder können, ersetzen sie sie durch das Ideal als Vorbild. Sie orientieren sich nicht an ihren tatsächlichen Begabungen und deren Grenzen, sondern an diesem illusionären Ideal, das nirgend anders real ist als in ihrem Kopf. Vor dem Anspruch dieses Idealbilds aber erscheint ihr Leben leer und unbedeutend. Um die innere Leere, das »Was soll das eigentlich alles?« nicht spüren zu müssen, stürzen sie sich in alle möglichen Aktivitäten. Nicht selten wirken sie als hochmotivierte und hehren Idealen folgende Mitarbeiter.

Von irgendeiner Form des Besitzens her interpretieren sich Menschen, die nicht wissen, wer sie eigentlich sind. So werden sie zu jemandem, der etwas (Vermögen, Macht, Einfluß, Kenntnisse) *hat*. Da solches Haben immer gefährdet ist, sehen sie sich existentiell immer bedroht. Um dieser Bedrohung zu entgehen, streben sie nach immer mehr Vermögen, Macht und Einfluß, ohne aber die bedrängende Frage beantworten zu können, was denn das alles eigentlich soll.

Begegnet ein solcher Mensch, der unter einem So-what-Syndrom leidet, und das ist keineswegs eine kleine Minderheit der Manager, einem Vorgesetzten, der die eine oder andere der oben angeprangerten Methoden realisiert, reagieren sie mit Dauerfrustration. Da sie ihre Aggressionen nicht sozial (etwa über Kündigung oder Protest) darstellen können, leben sie sie in sich hinein. Es kommt zu einem diffusen Unbehagen, oft gepaart mit einer resignierten Müdigkeit, Antriebsschwäche, Schlafstörungen, vegetativen Fehlreaktionen. Sozialpsychologen nennen diesen Zustand innerer Kündigung *Burnout-Syndrom*.

Es wäre nun aber falsch anzunehmen, daß der unfähige Vorgesetzte wegen seiner Unfähigkeit zum Vorgesetzten wurde (zumindest ist das nicht die Regel). Es zeigte sich erst, daß er nicht in der Lage war zu führen, als er Vorgesetzter wurde. Nicht nur weil Macht jeden verdummt, der sich mit ihr einläßt, sondern auch weil er jetzt Fehler machen konnte, die niemand rügte. Es ist ein struktureller Mangel aller sozialen Institutionen − also auch der Unternehmen −, daß sie ihre Exekutoren nicht davon abhalten können, ihre personalen (sittlichen und sozialen) Begabungen verkümmern zu lassen und die funktionalen und narzißtischen zu entfalten.

Diese Einsicht sollte aber nicht verzweifeln lassen. Es ist durchaus möglich, daß das sittliche Potential eines Menschen die Ausübung von Herrschaft überlebt. Das gilt in besonderer Weise, wenn die Ausübung von Weisungsbefugnissen und anderen Führungsaktivitäten die personale Begabung einfordert und sie so nicht nur trainiert, sondern gar entfaltet. Ein ethisch verantworteter Führungsstil wird das bedenken. Die Dialektik gibt dem so Führenden ein Instrumentar an die Hand, das kaum unterschätzt werden kann. Es funktioniert nur, wenn die Führungsinteraktionen personal und nicht dominant-funktional orientiert sind. Solch ein personales Führungsverhalten vermeidet zum einen den Ausbruch von Störungen, die wir als Burnout-Syndrom beschrieben haben. Zum anderen hilft es aber auch im Rahmen des Möglichen, ein latentes So-what-Syndrom abzubauen.

An erster Stelle bedeutet Managementethik also Führungsethik. Sie ist keineswegs ein Luxus, der seine Kosten hat, sondern eine Notwendigkeit, die Kosten mindert.

Wo aber bleibt die ethisch begründete Verantwortung vor dem »Kapital«? Ist sie nicht auch Teil der ethisch zu verantwortenden Strukturen eines Unternehmens? Manche »Kapitalismuskritiker« − gleich, welcher Couleur − vergessen diese Frage, um sie nicht bejahen zu müssen.

Versteht man das Kapital als einen Produktionsfaktor, gehört es zur inneren Umwelt des Unternehmens, interpretiert man es aber als Produktionsmittel (das heißt nicht als Ursache, sondern als mehr oder minder notwendige Bedingung für die Produktion von ökonomischen Gütern), ist es Teil der äußeren Umwelt des Unternehmens. Diese Unterscheidung mag systemtheoretisch und volkswirtschaftlich interessant sein, für unsere ethische Problematik ist sie sekundär. In beiden Fällen rangiert in der ethischen Wertung – wegen des *unmittelbaren Bezugs auf das personale Leben* – in einer Ethik, die das Biophilie-Postulat zugrunde legt, das Interesse von »Arbeit« vor dem von »Kapital«. Das schließt keineswegs eine ethische Verantwortung vor dem Interesse des »Kapitals« aus. Die Beachtung des ökonomischen Prinzips als eines *Rahmenprinzips* ist ein *ethisches Postulat*. Wird es nachhaltig verletzt, geschieht den Kapitaleignern Unrecht.

Aber auch die Beziehungen des Unternehmens zur unbestritten äußeren (sozialen, kulturellen, politischen, ökonomischen, ökologischen) Umwelt verlangen vom Manager ein ethisch geleitetes Verhalten (wie unschwer am Paradigma »Umweltbelastung« zu erkennen). In nicht wenigen Unternehmen ist man sich zwar bewußt, daß die Informationsströme – etwa aus der politischen Umwelt – die Unternehmensstrukturen mit einiger Verzögerung in der Weise mitbestimmen, wie auch die durch die Unternehmensstrukturen geprägten Informationen etwa die politische Umwelt beeinflussen. Doch in die Praxis wird dieses Wissen, wegen der nur mit einigem Aufwand zu überwindenden Systemträgheit, selten übersetzt. Ich denke, jedes Unternehmen sollte die von ihm ausgehenden, die Umwelt bestimmenden Informationen sehr sorgfältig beobachten – ebenso sorgfältig wie die aus der Umwelt in das Unternehmen einströmenden und seine Strukturen verändernden. Um diese Informationsströme in ihren ökonomischen, aber auch ethischen Erheblichkeiten zu interpretieren, erscheint es durchaus sinnvoll, eine eigene, der Unternehmensleitung zuzuordnende Managementfunktion, die man etwa »Außen-Controlling« nennen könnte, einzurichten.

Es kommt also darauf an, möglichst umfassend Welt in (äußere und innere) Umwelt zu wandeln. Die unverständliche Welt mit ihren unverarbeitbaren Informationen, die sie in das Unternehmen einbringt, deformiert und deorientiert die Unternehmensaktivitäten, weil keine passende Struktur zu ihrer Verarbeitung bereitsteht. Ebenso kann der aus dem Unternehmen ausfließende Informations-

112

strom in der unverständlichen Welt politische, ökonomische, emotionale Konsequenzen auslösen, die alles andere als wünschenswert sind. Ich vermute, daß destruktive In- und Outputs durch ein gutfunktionierendes Außen-Controlling beherrschbar gehalten werden können.

Fassen wir also zusammen: Das Management hat zwei wichtige Vermittlungsfunktionen wahrzunehmen: (a) die zwischen den Interessen von »Kapital« und »Arbeit« und (b) die zwischen dem Unternehmen (als einem sozialen System) und seiner inneren und äußeren Umwelt, wobei sich − wie gezeigt wurde − (a) in (b) integrieren läßt. Solche Koordination ist am Gemeinwohl zu orientieren. Um den Begriff des »Gemeinwohls« handlungs- und/oder entscheidungsrelevant machen zu können, bedarf man eines außerökonomischen Prinzips. Dieses könnte theoretisch politischer Art sein (wenn der Staat definiert, was Gemeinwohl ist, und die Normen festlegt, es optimal zu erreichen). In einer Volkswirtschaft, die nicht nach den Mechanismen der vollkommenen Konkurrenz (die für ethische Maximen keinen Platz hat) funktioniert, erscheint es wünschenswert zu sein, das Gemeinwohl über ethisch verantwortetes Entscheiden zu optimieren. Die Entscheidenden aber sind die Manager.

Im folgenden Abschnitt wollen wir uns einige Gedanken machen über Kommunikationsstörungen, die die erfolgreiche Verwendung dialektischer Techniken unmöglich machen oder doch erheblich erschweren.

4. Über degenerierte Kommunikation

Dialektik ist − wie gesagt − die Kunst, *über gemeinsamen Erkenntnisfortschritt* Konsens herzustellen oder Probleme zu lösen. Sie unterscheidet sich damit grundlegend von allen geläufigen Formen der Konsensbildung, in denen eine Person oder eine Gruppe von Personen (beispielsweise Parteien) versucht, die eigene Überzeugung zu der des Partners (oder Gegners) zu machen. Die dabei angewandten Techniken (Einsatz von Autorität, von Machtmitteln, Tricks, Abreden oder Ermüdung des Gegners, gruppendynamische

Spiele an der Pin-Wand) haben mit Dialektik nichts zu tun, sondern sind meist Formen degenerierter Kommunikation.

Degenerierte Kommunikation verwendet oft folgende Praktiken:

○ Es werden *Spiele gespielt*. Unter dem Vorwand, die fremde Meinung ernst zu nehmen, wird sie mit technischen Tricks abgewertet oder gar zurückgewiesen. Das berühmteste dieser Spiele ist das »Ja-aber-Spiel« (»Im Prinzip haben Sie ja recht, aber . . .«!). Es wird selbst heute noch in Dialektik-Kursen gelehrt.

○ Es wird *versteckt Autorität eingesetzt* oder hierarchische Dominanz ausgespielt. Geschieht das alles offen, handelt es sich nicht um die Verwendung von Überzeugungstechniken, sondern um bloßes Befehlen. Manche Vorgesetzte sind offensichtlich der menschenverachtenden Ansicht, daß unter dem Anschein von Meinungsaustausch (etwa in Gesprächen, Sitzungen und Konferenzen) ihre eigene Meinung besser »durchzusetzen« sei, als in anders gestalteten Formen des Befehlens. Bei naiven und unerfahrenen Partnern können sie mit solch verlogenen Methoden Erfolg haben.

○ Die Entscheidung ist schon längst gefallen. Das aber wird den Mitarbeitern verschwiegen. Es wird ihnen vielmehr die Illusion vermittelt, ihre Meinungen, Ansichten, Einwände seien entscheidungsrelevant. Dabei versucht der sich durch Menschenverachtung auszeichnende Vorgesetzte, seiner Entscheidung widersprechende Ansichten autoritär, manipulatorisch oder über Verfahrenstechniken abzuweisen. Sehr beliebt ist auch die Technik, einige andere Gesprächsteilnehmer, die oft nicht einmal wissen, in welches Spiel sie eingespannt werden, die Meinung des Vorgesetzten vertreten zu lassen, und dessen Beiträge zu verstärken.

Gemeinsam ist allen diesen Formen degenerierter Führungskommunikation, daß sie

○ die Würde des Partners verletzen, indem sie ihm vorgaukeln, er könne irgend etwas zum Ergebnis beitragen,

○ bestimmt sind von einer tiefen Menschenverachtung, die den anderen zum bloßen Mittel von Spielchen um den eigenen Sieg macht, bei dem die Karten gezinkt sind, ohne daß der andere darum wüßte,

○ sie Kämpfe von Menschen gegen Menschen sind, bei denen der siegt, der seine Meinung »durchgebracht« hat.

5. Über kommunikative Performanz

Definieren wir zunächst einmal, was »Kommunikation« unter psychologischer Rücksicht bedeutet:

Kommunikation bezeichnet eine Abfolge von Interaktionen, die Informationen, Emotionen, Bedürfnisse, Interessen, Wertungen, Vorurteile hervorbringen, transportieren oder verändern. Die kommunikativen Handlungen schwimmen gleichsam auf dem Strom jener Emotionen, Bedürfnisse, Interessen, Wertungen. Diese bilden die Tiefenstruktur jeder Kommunikation.

Wir haben hier also folgende Aspekte der Kommunikationspsychologie zu behandeln:
a. Abläufe in der Tiefenschicht.
b. Grenzen dialektischer Kommunikationsfähigkeit.

a. Abläufe in der Tiefenschicht
»Kommunikative Tiefenschicht« (*deep structure*) bezeichnet die durch kommunikative Ereignisse ausgelösten Prozesse im Unbewußten der an diesem Prozeß beteiligten Personen.
Ein wichtiges Strukturelement der Tiefenschicht ist die unbewußte Einstellung auf Koordination oder Subordination. In Subordination und Koordination begegnen wir zwei sozialen Einstellungen, die an sehr unterschiedliche Ängste, Erwartungen, Interessen und Stimmungsdispositionen gebunden sein können und in der Regel auch gebunden sind. Es ist für einen Vorgesetzten, der über dialektische Techniken führen will, unverzichtbar, eine Lebenswelt aufzubauen, die von *Koordination* bestimmt wird.

(aa) Kommunikation kann also geschehen in der psychosozialen Grundstimmung der Subordination (ich-du; ich-ihr) oder der Koordination (wir). Oft versteht man Führungshandeln (falsch) als notwendig und unvermeidbar an Formen subordinativer Kommunikation gebunden. In ihm realisiere sich zwingend eine Art von Kommunikation, in der Informationen, Emotionen, Interessen, Wertungen, Bedürfnisse des Führenden die des Geführten dominieren. Sicherlich gibt es Führende, die wegen der Eigenheiten ihrer sozialen Performanz in Führungssituationen zwanghaft Subordination herstellen. Hierher gehören vor allem Persönlichkeiten mit

O einer gering entwickelten Fehlertoleranz, die bei einem Vorgesetzten bei schon wenigen habituellen Fehlern des Mitarbeiters Kommunikationsblockaden (etwa durch Antipathie) auslöst,

O Antriebsüberhang,

O stark ausgeprägter narzißtischer Dominanz,

O besonderen sozialen Ängsten (die Angst, der emotionale Anteil in der Beziehung zum Mitarbeiter könnte ihrer Kontrolle entgleiten, gehört unzweifelhaft dazu),

O erheblichen Mindergefühlen.

Alle diese Eigenschaften können Führen in Koordination nahezu unmöglich machen. Wenn es dennoch gelegentlich beherrscht wird, bleibt es eher eine Episode, als daß es zum Aufbau einer stabilen Lebenswelt dienen würde.

Koordinative Kommunikation ist übrigens nicht zu verwechseln mit kooperativem Führen. Koordinative Kommunikation ist mit vielen Führungsstilen (selbst direktiven) verträglich, die die Achtung vor dem Mitarbeiter und seiner Würde respektieren. Völlig falsch wäre es, koordinative Kommunikation zu korrelieren mit anarchischem oder demokratischem Entscheiden. Koordinative Kommunikation ist stets symmetrisch. Die Interaktionsmuster, die der Vorgesetzte wählt, läßt er grundsätzlich auch gegen sich gelten. Im Fall des direktiven Führens würde das bedeuten, daß er auch bereit sein müßte, im Rahmen einer autonomen Weisungsbefugnis eines Mitarbeiters von diesem Weisungen anzunehmen.

(ab) Da die Fähigkeit zu koordinativem Führen für die effiziente Verwendung dialektischer Fähigkeiten von besonderer Bedeutung ist, sei sein psychologischer Hintergrund hier etwas ausgeleuchtet.

(1) In jeder Situation, in der Menschen unter dem Anspruch stehen, etwas (etwa Konsens oder Problemlösung) erreichen zu *sollen,* wird eine Art überpersönlicher Ordnung aktiviert, die strukturell durch das Über-Ich bestimmt ist. In erster Annäherung wird dieses Sollen unpersönlich und daher als anonyme Beschränkung von Freiheit und Quelle möglicher Ängste erfahren. Die Frage »Bin ich solchem Sollen emotional, rational, technisch gewachsen?« kann durchaus dialektische Kommunikation blockieren. Die archaischen Ängste vor sozialen Strafen (Minderung der sozialen Achtung, der Anerkennung, des Geborgenseins, des Dazugehörens) und Über-Ich-Strafen (Schuldgefühle, Schamgefühle, Minderung der Selbstachtung) spielen nicht selten bei Menschen, die etwas tun *sollen,* eine erhebliche Rolle. Das kann sie zu allen möglichen Formen der Abwehr führen (Desinteresse, Dogmatismen, Protest).

Die Einführung dialektischer Techniken wird, wenn sie auf entsprechende Widerstände stößt, diese Ängste als mögliche Widerstandsquelle bedenken, sie ernst nehmen und auszuräumen versuchen. Es handelt sich dabei um »emotionale Widerstände« im Sinne der zweiten Regel des Platon.

Fritz Heider (1977) verwies zu Recht darauf, daß jedes neue Sollen eine neue Realität schafft, die mit dem Ausschluß von individuellen Vorlieben und Wünschen, Interessen und Erwartungen verbunden sein kann und die verlangt, diese in bestimmten Situationen *strukturell* umzuorientieren. Soll diese Neuorientierung erfolgreich und stabil sein, muß sie als *werthaft* akzeptiert werden. Nur dann wird sie internalisiert. Der Vorgesetzte wird also dem Mitarbeiter überzeugend deutlich machen müssen, daß eine veränderte Technik und deren Beherrschung für diesen werthaft ist.

(2) Das *funktionale* Sollen wurzelt strukturell tief in unbewußten Anteilen des Über-Ich. Das *personale* Erfüllen von Bitten und das Befolgen von Befehlen aber — das, was keineswegs Regel ist, nicht durch das Sollen (»Du sollst Bitten erhören!« — »Du sollst Befehlen gehorchen!«) bestimmt wird — gründet im Ich. Das bedeutet, daß man sich im Verweigern von Bitten und Befehlen, die durch kein Über-Ich-Sollen gedeckt werden, den archaischen Strafen des Über-Ich (Schuldgefühle, Ängste) entziehen kann. In beiden Fällen legt der Vorgesetzte dem Mitarbeiter ein bestimmtes Handeln nahe,

ohne dessen psychische und/oder soziale Kritikfähigkeit zu beschränken.

Bitten und Befehlen (ob sie nun im Sollen gründen oder nicht) können sich etwa wie folgt artikulieren:

○ Der Mitarbeiter gelangt durch die Veränderung des strukturellen Umfeldes zu der Überzeugung, es sei für ihn werthaft, sich an sie anzupassen. Dieser Passungsprozeß geschieht oft unbewußt.

○ Der Vorgesetzte weist vor aller Neustrukturierung des sozialen Feldes den Mitarbeiter auf seine eigenen Wünsche hin. Zugleich aber bedenkt er zusammen mit dem Mitarbeiter kritisch die Nützlichkeit und Brauchbarkeit seiner eigenen Vorstellungen. Dabei vermeidet er es, mittelbare oder gar unmittelbare Zwänge (etwa durch Androhen sozialer Strafen) auszuüben. Das setzt voraus, daß er in der Lage ist, Akzeptation und Verweigerung von Zustimmung als prinzipiell gleichwertig anzunehmen (seine Position wird also in keiner Weise dogmatisiert) und nicht etwa in der Verweigerung einen persönlichen Affront zu sehen.

○ Der Mitarbeiter gelangt zu der von ihm werthaft besetzten Überzeugung, es sei für seinen Vorgesetzten, für die Kollegen oder für seine Untergebenen von höchster Wichtigkeit, die soziale Passung an die veränderten Strukturen oder den Willen des Vorgesetzten zu realisieren.

In diesem Falle liegt die psychische und soziale Problematik weniger beim Mitarbeiter als beim Vorgesetzten. Nicht selten wird er vor der möglichen Rückweisung seiner Bitten oder Befehle Ängste entwickeln. Mir sind nicht wenige Vorgesetzte bekannt, die durch solche Ängste gelähmt, weitgehend auf das personale Bitten und Befehlen verzichten und statt dessen in das Gewand eines Systemagenten schlüpfen. So verkleidet konnten sie dann »im Auftrag des Systems« funktional bitten oder befehlen. Eine kritische Zurückweisung führt dann nicht zu einer Verletzung der Selbstachtung oder (vermeintlich) der Autorität, vor allem wenn es gelingt, dem Mitarbeiter eine kritische (und das ist keineswegs dasselbe wie eine ablehnende) Einstellung zu den Anforderungen des Systems nahezubringen.

Offensichtlich ist die ausdrückliche oder unausdrückliche personale Bitte um soziale Passung die geeignete Form, in einem Unternehmen neue kommunikative Techniken einzuführen und durchzusetzen, zumindest wenn sie im Sinne einer Änderung des Corporate Behavior zu einer Änderung des Corporate Image führen sollen.

(3) Jedes Handeln des Vorgesetzten, das nicht durch strukturelle Vorgaben gedeckt ist, löst bei ihm ebenso wie bei vielen Mitarbeitern personenbezogene Emotionen aus. Da es bei der Veränderung des Corporate Behavior um solche Handlungen geht, ist die Kenntnis solcher emotionaler Reaktionen besonders wichtig. Es kommt darauf an, die Handlungen, die sie nahelegen, besonders kritisch verantwortet zu bedenken. Auch ist es von zentraler Bedeutung, die emotional definierten Beziehungen zwischen den Personen zu kennen, die nicht durch tragende strukturelle Beziehungen aneinander gebunden sind.

Die wichtigsten in solchen Fällen mit einiger Wahrscheinlichkeit geltenden Regeln seien hier vorgestellt. Werden sie nicht beachtet, können unkontrollierte emotionale Abläufe in der Tiefenschicht der Kommunikation einen rationalen Diskurs über gruppendynamische Prozesse nahezu unmöglich machen. Wir beschränken uns hier auf Fälle von emotionalen Gleichgewichtszuständen (das sind Zustände, in denen die emotionalen Parameter, die die Situation definieren, keine Tendenz mit sich führen, die Situation umzukehren, sondern allenfalls sie zu verstärken).

○ A nimmt sich als B ähnlich wahr. A geht dann davon aus, daß B ähnliches will wie er. Dabei führt Sympathie dazu, den anderen sich selbst als ähnlicher wahrzunehmen als Antipathie. Es handelt sich jedoch um eine *wahrgenommene Ähnlichkeit,* die mit tatsächlicher nichts oder doch nichts Erhebliches zu tun haben muß. F. E. Fiedler (1953) konnte übrigens zeigen, »daß effektive informelle Teams, die eine Aufgabe erfüllen wollen, aus Personen bestehen müssen, die es vorziehen, mit Menschen zu arbeiten, die psychisch auf Distanz bleiben und sich auf die Aufgabe konzentrieren«.

○ A nimmt sich als B unähnlich wahr. A tendiert dann dazu anzunehmen, daß B seine Ansicht ablehnt. Zudem neigt er dazu, gegenüber B ein umfassendes Antipathiefeld aufzubauen. Wir sprechen dann von Xenophobie.

Eine wichtige Ausnahme von dieser Regel ist gegeben, wenn A und B erkennen, daß sie in ihrer Unähnlichkeit einander ergänzen, um einen bewußten oder unbewußten Zweck zu erreichen (etwa Mann und Frau oder Kollusionen).

○ A findet B sympathisch. A geht dann davon aus, er sei ihm ähnlicher in bezug auf Charakter, Wertorientierung, Einstellungen, Meinungen, als das real der Fall ist.

○ A findet B sympathisch. A setzt dann voraus, daß B zu ihm emotionalen Kontakt hat, und tendiert dazu, sich Personen zu nähern, die er sympathisch findet. Dabei kann es zu den eigentümlichsten Täuschungen kommen, wie manche Liebesromane nicht ganz wirklichkeitsfremd demonstrieren.

○ A findet B unsympathisch. A meidet dann Interaktionen mit B.

○ A findet B sympathisch, hat aber keinen kommunikativen Kontakt zu B. Diese Situation führt im sozialen Umfeld von A zu (meist auch A) unerklärlichen Spannungen.

○ A neigt dazu, mit einem ihm vertrauten B ein Sympathiefeld aufzubauen. Vertrautheit ist in der Regel eine Folge regelmäßig gelingender Interaktion. B ist A vertraut, wenn er meint, »ihn zu kennen«, und sich als ihm ähnlich wahrnimmt. Ebenso ist sehr häufig die Tendenz aufweisbar, nichtvertraute Personen nicht zu mögen.

○ A findet B sympathisch. Er nimmt dann an, daß B ihm vertraut. Zudem führt das zu größerer Vertrautheit mit B.

○ A nutzt B. Das induziert dann bei B die Vermutung, er sei A sympathisch. Auch neigt A dazu, eine Person zu mögen, der er genutzt hat.

○ A findet B sympathisch. Das induziert dann bei A die Vermutung, B sei eine Person sympathisch, die ihr nutzt.

b. Grenzen dialektischer Kommunikations- und Konfliktfähigkeit
Im folgenden sollen einige Persönlichkeitsmerkmale angeführt werden, die die Verwendung dialektischer Techniken erheblich erschweren.

ba. Grenzen der Kommunikationsfähigkeit
Wegen ihrer besonderen Bedeutung seien einige schon erwähnte Eigenschaften, die die Internalisierung kommunikativ dialektischer Praxis erheblich erschweren, ausgeführt. Es sind das vor allem:

(1) Geringe Fehlertoleranz
(2) Überstarker Antrieb
(3) Erhebliche Dominanz der narzißtischen Bedürfnisse und Emotionen

Sie erzeugen Felder emotionaler und sozialer Unsicherheit, unbeherrschter Ängste, evozieren eigenen und provozieren fremden Dogmatismus.

(1) Geringe Fehlertoleranz

Die Unfähigkeit, fremde Fehler zu tolerieren, ist vor allem bei Personen verbreitet, die sich selbst von ihrem Selbst-Ideal her definieren und somit keine Fehler bei sich selbst zulassen. Diese Exkommunikation eigener Fehler kann so weit gehen, daß sie nicht einmal erkannt werden. Keineswegs selten kommen Menschen um Rat bittend zu mir, die unter massiven Störungen im Kontakt mit ihrem sozialen Umfeld leiden, um sich zu erkundigen, wie man andere zu geändertem Verhalten veranlassen könne. Ihr eigenes Verhalten sehen sie kaum oder nur unzureichend als Störungsquelle. Nicht selten rationalisieren sie ihre Selbstblindheit so: »Ich verlange von mir selbst viel und erwarte deshalb auch viel von anderen – vielleicht zu viel?!«

Die Unfähigkeit, den anderen auch mit seinen Fehlern (und nicht nur mit seinen Stärken) anzunehmen und nicht schon wenige Fehler zu Kommunikationsstörungen (»Ich kann einfach mit B nicht sinnvoll sprechen!«) oder gar zum Kommunikationsabbruch führen zu lassen, ist vor allem bei denjenigen verbreitet, die ihre eigenen Fehler nicht erkennen, weil sie sich selbst fremd geblieben sind. Sie *können* andere Menschen als Menschen (und damit stets mit Fehlern ausgestattet) nicht akzeptieren, weil sie ihr eigenes Ich-Real nicht annehmen. Die Einsicht, daß *jeder* Mensch Charakterfehler hat (das sind Fehler, die in seiner Charakterstruktur begründet und deshalb ohne fremde Hilfe kaum zu beheben sind), ist ihnen fremd. Nicht selten leiden sie an einer alexithymischen Fehlorientierung.

Der Alexithymiker ist der Ansicht, daß Emotionen die rationale Analyse erschweren. Erst recht verhindern sie rational geleitetes Verhalten. Insofern sie die Bedeutung von Emotionen in jeder kommunikativen Szene nicht erkennen oder unterschätzen und Emotionen möglichst eliminieren wollen, entwickeln sie ein wahnhaft von psychischer und/oder sozialer Realität abgelöstes Bild von sich selbst, von anderen Menschen, von Gruppen und Gesellschaften. Insofern sie die Bedeutung von Emotionen in Entscheidungsprozessen nicht erkennen, verkennen sie, wie diese zustande kommen. Zur zweiten dialektischen Regel des Platon haben sie ein gestörtes Verhältnis, weil sie sie allenfalls als strategische Anweisung mißverstehen und nicht als Hinweis auf die Struktur aller erfolgreicher kommunikativer Interaktionen. Alexithymiker tun sich schwer in dialektischen Prozessen, weil sie kaum mit Abweichungen von den Regeln, die emotional begründet sind, sinnvoll umgehen können.

Die Unfähigkeit eines Alexithymikers, mit Emotionen sinnvoll umzugehen und seine Neigung, eine Wahnwelt aufzubauen, in der rationale Entscheidungen das politische, ökonomische, kulturelle und soziale Geschehen bestimmen (sollten), kann sehr verschiedene Ursachen haben. Sie reichen vom einfachen Fehlkonditionieren bis hin zu Symptomen schizophrener Erkrankungen. Nicht selten ist Alexithymie begründet in den Strukturen unseres schulischen und betrieblichen Bildungssystems. Die Ausbildung funktionaler Rationalität, nach der es gilt, mit einem Minimum an Aufwand ein Optimum an Erfolg zu sichern, bestimmt zunehmend alle Lebensbereiche. Nicht zufällig gehen alle ökonomischen Modelle davon aus, daß die ökonomischhandelnden Menschen ausschließlich zweckrational entscheiden. Sie mach den Alexithymiker zum Ideal eines individuellen Wirtschaftssubjekts.

Die Fähigkeit zur *personalen Toleranz* (die sehr wohl von der Sokratischen Meinungstoleranz zu unterscheiden ist) schließt keineswegs die Annahme ein, daß bestimmte Fehler bestimmte Personen für bestimmte Funktionen ungeeignet machen. So ist ein Mensch, der den Charakterfehler hat, sich vor Verantwortung zu drücken, wenn dies unauffällig möglich ist, für Funktionen, in denen er erhebliche Verantwortung zu übernehmen hat, ungeeignet. Und ein Mensch, der aufgrund seiner Charakterstruktur keine

Geheimnisse bewahren kann, ist nicht in der Lage, Vertrauenspositionen einzunehmen.

Bei der Wahrnehmung fremder Fehler ist jedoch sehr darauf zu achten, daß sie nicht überscharf und damit überbewertet wahrgenommen werden. Zu solchen Formen der Fehlwahrnehmung kann es sehr leicht kommen, wenn

○ ein Antipathiefeld besteht,
○ projiziert wird (das heißt, wir alle nehmen Fehler, die wir bei uns nicht zulassen können oder wollen, bei anderen überdeutlich wahr),
○ übertragen wird (das heißt, wir alle assoziieren bestimmte Fehler mit anderen; haben wir einmal bei einem Menschen einer bestimmten Charakterstruktur oder auch nur eines bestimmten Aussehens [bis hin zu Kleidung, Frisur oder Bart] oder Gehabes einen bestimmten Fehler festgestellt, neigen wir dazu, bei anderen Menschen ähnlicher Struktur, ähnlichen Aussehens oder Gehabes denselben Fehler anzunehmen).

Aber auch das »Übersehen« fremder Fehler ist nicht gerade selten, wenn etwa ein Sympathiefeld besteht oder übertragen wird.

Gerade in der Wahrnehmung fremder Fehler (wie übrigens auch der eigenen) sollten wir stets fremdes Urteil unterstützend heranziehen. Wie leicht kann man anderen Menschen Unrecht tun! Nicht umsonst muß ein zukünftiger Analytiker selbst über viele hundert Stunden eine Lehranalyse absolvieren, damit er sich selbst kennenlernt und nicht seine Probleme in seine zukünftigen Patienten hineininterpretiert oder hilflos Übertragungen (und Gegenübertragungen) ausgeliefert ist. Diese Tatsache sollte uns hindern, vorschnell anzunehmen, daß wir vor Fehlwahrnehmungen anderer Menschen (etwa unserer »guten Menschenkenntnis« wegen) gefeit wären.

(2) Überstarker Antrieb
Menschen mit erheblichem Antriebsüberhang sind nicht gerade selten im politischen oder ökonomischen Management zu finden. Ein klassisches Symptom solchen Überhangs ist eine destruktive Form der Ungeduld, die es ihnen unmöglich macht, etwa die dritte Regel des Platon zu realisieren. Sie sind oft in kommunikativen

Situationen ausschließlich funktional auf das Weitergeben, Empfangen und Verarbeiten von Informationen ausgelegt. Damit sind sie nahezu unfähig, beim Zuhören herauszufinden, was der Gesprächspartner denn nun tatsächlich mitteilen will (etwa eine Anfrage nach der Art und Intensität des Kontakts oder eine Selbstdarstellung oder versteckte Appelle).

Ein antriebsüberhängiger Mensch wird häufig von seiner sozialen Umwelt als »Dampfwalze« wahrgenommen, die auf fremde Emotionen, Erwartungen, Stimmungen, Bedürfnisse nicht nur keine Rücksicht nimmt, sondern sie auch nur begrenzt wahrnimmt. Er realisiert seine Alphaposition in sehr aufdringlicher Weise. Besitzt er sie (noch) nicht oder wird sie angegriffen, reagiert ein Mensch mit solcher Persönlichkeitsstruktur oft dominant (bis hin zur Arroganz).

Antriebsüberhängige Menschen sind meist der Ansicht, daß sie besonders viel leisten, weil sie in der Lage sind, mehrere Dinge zugleich zu erledigen (wie etwa Zuhören und in Unterlagen blättern, Zuhören und Zeitunglesen, Essen und Verhandeln). Es bedarf schon einigen Aufwandes, sie davon zu überzeugen, daß die alte lateinische Spruchweisheit »Age, quod agis« (»Tue das, was du tust, ganz, und tue nur dieses, und halte nichts für wichtiger als das, was du gerade tust«) eine Menge an Lebensweisheit birgt. Kaum jemand hat nämlich so viel Zeit, daß er es sich erlauben könnte, zwei (oder gar mehr) Dinge gleichzeitig zu erledigen. Aber überzeugen Sie davon einmal einen antriebsüberhängigen Aktivisten, vor allem dann, wenn er von seinem »Zwei-Dinge-gleichzeitig-Tun« seine eigene Wichtigkeit, seine eigene Kompetenz und seine eigene Wertigkeit her bestimmt!

Daß Menschen mit strukturellem Antriebsüberhang nicht sonderlich für dialektische Kommunikation disponiert sind, mag offensichtlich sein. Ihr Hang zur ungeduldigen Dominanz, ihre verbreitete Unfähigkeit, *genau* zuzuhören, ihre Neigung, ihre eigene Meinung über die anderer zu stellen, sind dafür verantwortlich.

(3) Erhebliche Dominanz der narzißtischen Bedürfnisse und Emotionen

Zu den narzißtischen Bedürfnissen zählen die Selbstbedürfnisse wie das nach stabiler Selbstachtung oder das nach Selbstverwirklichung (das, wenn es nicht auf realitätsorientierter Selbsterkenntnis und Selbstannahme beruht und nicht mit sozialen Bedürfnissen legiert ist, dazu führt, sich selbst gegen die legitimen Interessen anderer durchzusetzen). Zu den narzißtischen Emotionen zählt vor allem die Eigenliebe und der Ehrgeiz.

Nun besitzt jeder psychisch Gesunde solche narzißtischen Bedürfnisse und Emotionen, sie sind jedoch verbunden mit sozialen und erotischen. Von erheblicher Dominanz narzißtischer Emotionen und Bedürfnisse sprechen wir dann, wenn solche Gefühle an aggressive Bedürfnisse und Emotionen gebunden sind.

An dieser Stelle sei noch einmal verwiesen auf unsere Tafel der verschiedenen Emotionen (Seite 33). Hier sei die Problematik der dominanten narzißtischen Emotionen und Bedürfnisse noch weiter bedacht, da sie gerade in Führungssituationen erheblich einspielen kann.

»Narzißmus« bezeichnet die libidinöse Besetzung des Selbst, die sich in Emotionalen − wie gesagt − als Selbstliebe, im Bedürfnisbereich als Ehrgeiz, als »Mehr-sein-wollen-als-andere« vorstellt. Vor allem Heinz Kohut entwickelte die von S. Freud vorgestellte Narzißmustheorie weiter. Neben dem libidinösen oder aggressiven Besetzen von Objekten (das sind in der psychoanalytischen Theorie emotionsbesetzte Vorstellungen von erfahrenen Sachverhalten unserer psychischen Außenwelt) kennen wir die Besetzung der libidinösen und aggressiven Besetzung Selbst (also jener emotionsbesetzten Vorstellung, die wir von uns selbst haben). Zu Störungen im Bereich narzißtischer Emotionen und Bedürfnisse kommt es vor allem dann, wenn die Grenze zwischen Objekten und Selbst unscharf gezogen ist. Die Grenzen zwischen Objekten und Selbst werden unscharf. Es kommt dann zu extremen Idealisierungen des Selbst und der Objekte. Während Menschen mit gesunder Grenzung zwischen Selbst und Objekten als Grundlage ihrer Selbstwahrnehmung eine Urlust an eigener Tätigkeit verspüren und im Fall des Mißerfolges über das Gefühl der Enttäuschung eine realitätsdichte Korrektur des Objekts und des Selbst beginnen, werden Menschen mit defekten Selbstgrenzen mit Scham oder Schuld reagieren. Um sie abzuwehren und an ihrem idealen Selbst-Bild festhalten zu können, werden sie nicht zu einer Korrektur des Selbst gelangen, sondern den Grund ihrer Mißerfolge in der sozialen Umwelt suchen und finden.

Im Gegensatz zu den gelegentlich noch von Management-Trainern in entsetzlicher Simplifikation vertretenen Theorie Abraham H. Maslows (1954), nach der in der »Bedürfnispyramide« die Selbstverwirklichung – die Verwirklichung des stets abstrakten Selbst-Ideals und nicht etwa des Selbst – der höchste Motivator sei, gilt es heute als zureichend sicher falsifiziert. Nicht das narzißtische Bedürfnis nach Selbstverwirklichung treibt Menschen zum Handeln und Unterlassen, sondern vor allem das narzißtische Bedürfnis nach Selbstachtung. Wird es dauerhaft frustriert, werden Menschen zunächst einmal in Kompensationen (etwa von Sucht-Typ) einen Ersatz suchen. Mißlingt auch der, kommt es zu einem Rückzug aus der sozialen Welt. Das psychosoziale System »Mensch« verarbeitet nicht mehr die (potentiell beleidigenden) Inputs, sondern produziert nahezu ausschließlich Outputs, um sich mit ihrer Hilfe eine Welt zu bilden, in dem das Selbst unbeleidigt leben kann. Es ist eine große Versuchung nicht weniger Führungskräfte in hohen Positionen, diesen Weg der Sicherung der Selbstachtung zu wählen. Dabei werden sie zunehmend unfähig zu führen, insofern Führen eine sinnvolle Verarbeitung des Inputs aus der Umwelt voraussetzt.

Für Führungssituationen ist vor allem zu bedenken, daß Vergeblichkeitserfahrungen im primären (»Erhaltungsbedürfnisse«) und sekundären Bedürfnisbereich (»Entfaltungsbedürfnisse«) vor allen bei narzißtischen und sozialen Bedürfnissen (Anerkennung, Geborgenheit, Sicherheit, Dazugehören) zum Ausweichen in einen tertiären Bedürfnisbereich (»kompensatorische Bedürfnisse«) führt. Ein solches Ausweichen in nekrophile Abhängkeiten wie etwa von Alkohol, Arbeit, Tabak, Tranquilizern, Überessen . . . kann zwar zu einer scheinbaren psychischen Stabilisierung führen, die eine vorübergehende Mehrleistung zur Folge haben kann. Auf die Dauer werden jedoch die sozialen und fachlichen Fähigkeiten zurückgebildet.

Für die kommunikative Praxis ist es wichtig, sowohl die dominanten Bedürfnisse und Emotionen des eigenen Selbst als auch der wichtigsten Partner zu kennen, um sinnvoll damit um- und gegebenenfalls darauf eingehen zu können. Das setzt voraus:

(a) Ich habe gelernt, autonome (das sind nicht vom Willen steuerbare) Emotionen und Bedürfnisse zu haben, sie wahrzunehmen und zuzulassen. Aber ich beherrsche sie und werde nicht von ihnen beherrscht (außer in Situationen, in denen ich das bewußt zulasse).

(b) Ich kenne die Auslöser, die bei mir autonome Emotionen und Bedürfnisse wecken oder verstärken, so daß sie meiner Kontrolle entgleiten könnten. Ich habe gelernt, solche Auslöser rechtzeitig zu bemerken.

(c) Ich akzeptiere meine Ausstattung an autonomen Emotionen und Bedürfnissen.

(d) Ich erkenne an, daß manche Menschen unter dem Anspruch autonomer Emotionen von diesen besessen werden. Ich nehme die Worte, die sie sprechen, die Handlungen, die sie unter deren Anspruch begehen, ernst, aber nicht tragisch.

Diese Einstellungen und Fertigkeiten sind nicht von allen Menschen leicht zu lernen. Besonders schwer tun sich Personen, die unter dem Anspruch starker autonom-narzißtischer Bedürfnisse stehen. Und dennoch gilt es, diese Fähigkeiten auszubauen. Nahezu jeder Konflikt ist von solchen autonomen Emotionen begleitet. Der Konflikt ist oft nur lösbar, wenn wenigstens einer der Konfliktpartner sinnvoll mit seinen und fremden autonomen Gefühlsregungen umgehen kann.

bb. Mängel in der Konfliktfähigkeit

Es gilt zu erkennen, daß die Konfliktfähigkeit eines Menschen wenigstens die Ansätze zu alterozentrische Einstellungen voraussetzt. Solche zwingend angeforderte Alterozentrik setzt voraus:

(1) *Den Verzicht auf primärprozeßliche Bedürfnisbefriedigung.* Primärprozeßlich ist das Streben nach unmittelbarer Befriedigung der Triebimpulse: »Suche Lust – vermeide Unlust!« Dieser Verzicht ist eine Ich-Leistung, der den Imperativen des Es Widerstand leistet.

(2) *Den Verzicht auf eine lebensmindernde Geborgenheit.* Lebensmindernd ist eine Geborgenheit genau dann, wenn sie die Entfaltung eigenen und fremden physischen, psychischen, emotionalen, sozialen Lebens eher mindert denn mehrt. Nicht wenige Manager ziehen sich in den Elfenbeinturm einer lebens-

mindernden (nekrophilen) systemischen Geborgenheit zurück – und meiden alles, was sie aus dieser Geborgenheit entlassen könnte. Die Sicherheit, die aus der Realitätsablösung gewonnen wird, ist stets lebensmindernd, eine Sicherheit gegen das Leben.

(3) *Die Fähigkeit, Ungewohntes positiv zu erleben.* Nicht wenige Manager sind allem Fremdem und Neuem gegenüber skeptisch. Das scheinbar Bewährte hat selbst dann noch hohes Gewicht, wenn sich die Strukturen der inneren und äußeren Umwelt verändern. Das Gewohnte – selbst wenn es einmal zu Strategien führte, die optimal realitätsadaptiert waren – ist in unserer schnellebigen Zeit meist schon nach wenigen Jahren realitätsfern und führt immer weiter von der Realität fort. Mit der Unfähigkeit, Ungewohntes positiv zu erleben, geht meist die Unfähigkeit Hand in Hand, sich optimal (realitätsdicht) an verschiedene soziale Situationen anzupassen. Man kann das psychische Alter eines Menschen nach der Anzahl der strukturell verschiedenen sozialen Situationen bestimmen, in denen er emotional und rational interaktionsfähig ist. Vor allem bei ichschwachen Managern in hohen Leitungsfunktionen findet man eine verbreitete Unfähigkeit, sich auf verschiedene soziale Situationen durch dynamische Rollenanpassung einzustellen. Sie versuchen, die soziale Situation durch dominantes Verhalten selbst zu definieren. Damit sind aber keine Konflikte zu lösen oder gar dialektische Techniken zu realisieren. Mangelnde soziale Dynamik produziert Dogmatiker. Eine wichtige Testfrage mag lauten: »Befinde ich mich in der Begegnung mit anderen Menschen in lebendiger Veränderung – entfalte ich eigenes und fremdes Leben in solchen Begegnungen?« Wird diese Frage verneint, etwa weil ein Mensch seinen Selbstbesitz, seine Selbstdefinition durch jede strukturelle Veränderung gefährdet sieht, hat er sein Leben entdynamisiert. Da Leben aber Spannung und Dynamik bedeutet, ist er zu einem Zombie geworden, der vielleicht als einziger nicht merkte, daß er als Mensch längst gestorben ist und nur noch als Rädchen in einem oder mehreren sozialen Institutionen funktioniert.

(4) *Die Fähigkeit, wertfrei wahrzunehmen.* Im Regelfall interpretiert ein ungeschulter Mensch die meisten seiner Wahrnehmun-

gen wertend. Damit gibt er ihnen (oft unbewußt) ein Vorzeichen, das eine sinnvolle Konfliktlösung unmöglich macht, wenn der Konfliktpartner dem erkannten Sachverhalt ein anderes Vorzeichen gab. Wenn mir ein Mensch auf die Nerven fällt, wenn zwischen ihm und mir ein Antipathiefeld besteht, dann hat das oft genug seinen Grund in verschiedenartiger wertender Wahrnehmung von Sachverhalten. Diese auch emotional integrierte Einsicht läßt mich meine Antipathiewiderstände von einer »höheren Warte« aus sehen, so daß ich in der Lage bin, Antipathie zu empfinden, ohne von meinen Empfindungen besessen zu werden. Vor allem aber darf das verschieden wertende Wahrnehmen nicht dazu führen, dem anderen Schuldgefühle, Ängste oder Gefühle geminderter Selbstachtung induzieren zu wollen oder zu induzieren. Solche Strategien, oft unbewußt gewählt, haben den Zweck, den anderen kleiner und damit seine Wahrnehmung unerheblicher zu machen.

(5) *Die Fähigkeit, an (psychischer, sozialer, ökonomischer, politischer, kultureller) Realität orientiert zu urteilen.* Mangelnde Orientierung führt zu Entscheidungen, in denen der »gute Wille«, die Absicht, dominiert und nicht das Bedenken der Handlungsfolgen (etwa im interaktionellen Handeln). Die Fürsprecher des »guten Willens« dispensieren sich denn auch nicht selten von dem Bemühen, ihr ökonomisches, politisches, soziales, kulturelles, psychologisches Wissen so zu mehren, daß die Menge der vorhersehbaren Handlungsfolgen ein Optimum erreicht. So manche Reden von Politikern und Pfarrern, von Schulmeistern und Redakteuren zeugen von der intellektuellen Unredlichkeit, die immer dann praktisch wird, wenn ein Mensch nicht über die an und für sich ihm durchaus erreichbaren Theorien, die ihm Prognosen für seine erbrachten oder postulierten Handlungen und Entscheidungen erlaubten, verfügt. Es kommt dann zu dem eingangs genannten unverantworteten Geschwätz, und man vergißt leicht, daß gut gemeint das Gegenteil von gut ist. Kaum eine Einstellung führt zu problematischeren Konflikten als die, es komme primär auf ein gutes Wollen und nicht primär auf ein gutes Handeln an. Für die angewandte Dialektik ist Konsensbildung auf der Ebene der

(guten) Absichten tödlich. Sie ist meist leicht erreichbar – wie so viele Führungsrichtlinien und CI-Konzepte verraten. Es kommt vielmehr darauf an, im Bereich von umweltverändernden oder die eigenen systemischen Strukturen verändernden Handlungen und Entscheidungen Konsens zu finden.

(6) *Die Fähigkeit zu verzichten.* In einer konsumorientierten Gesellschaft ist diese – für jede enwickelte Konfliktfähigkeit unverzichtbare – Begabung selten geworden. Alterozentrik meint aber gerade ein gewisses Maß an Selbstverzicht. Ein Mensch, der sich von irgendeiner Form des Habens (Vermögen, Einfluß, Macht, Wissen, Anerkennung) her selbst definiert, wird stets unter dem Anspruch existentieller Verlustängste stehen, bedeutet doch Verlust des Gehabten Selbstverlust. Um sich vom Geist des Habens und dem Gehabtwerden vom Haben zu emanzipieren, ist es unverzichtbar, auf Dinge, die man haben kann, zu verzichten. Der Konsumverzicht ist hier ein erster, aber nicht ersetzbarer Schritt. Er erlaubt es uns, von der primär-prozeßlichen zu einer realitätsangenäherten Orientierung zu finden. (In der Sprache der Psychoanalyse kann man sagen, daß das Lustprinzip partiell durch das Realitätsprinzip substituiert wird.) Wurde dieser erste Schritt ausgeführt, mögen weitere folgen: Das Besessensein vom Haben (»Ich habe, also bin ich!«) oder vom Agieren (»Ich handle, also bin ich!«) kann sich mindern, wenn es nicht schon pathologisch verfestigt, in die psychische Struktur eingelagert wurde (in diesem Fall verspricht nur eine therapeutische Hilfe Erfolg). Das Ersetzen des Habens durch das Sein (die Selbstdefinition nicht durch das Haben, sondern von dem her, der ich tatsächlich mit all meinen Begabungen und deren Grenzen bin) ist eine wichtige Lebensleistung. Nur wenn sie erbracht wird, kann menschliches Leben gelingen – ein Mensch glücklich werden.

Wir wollen nun einige Fähigkeiten des Führenden behandeln, die positiv mit seiner sozialen (leider nicht immer mit seiner psychischen) Konfliktfähigkeit korrelieren, insoweit die Anwendung und das Durchsetzen dialektischer Techniken soziale Konfliktfähigkeit voraussetzt. Wünschenswert wäre eine der sozialen entsprechende psychische Konfliktfähigkeit, damit nicht optimale soziale Felder mit psychischen Leiden erkauft werden. Ihr Fehlen – oft begründet in der Unfähigkeit zu elementarer Alterozentriertheit – führt in der Regel zu erheblichen sozialen Problemen, die allenfalls dann behebbar sind, wenn der Konfliktpartner weit überdurchschnittlich konfliktfähig ist.

Es seien hier erwähnt:

○ Die Teamfähigkeit
○ Die Passungsfähigkeit
○ Die Fähigkeit, mit eigenen und fremden Ängsten sinnvoll umzugehen
○ Die Fähigkeit zur Toleranz
○ Die Fähigkeit zur passiven Aktivität

Die Teamfähigkeit

An anderer Stelle haben wir das Merkmal »teamfähig« schon bestimmt als eine personale Eigenschaft, die es einem Menschen erlaubt, bei geeigneten sozialen Situationen nicht gegen Menschen, ihre Überzeugungen, Meinungen, Einstellungen zu kämpfen, um die eigenen durchzusetzen, sondern gemeinsam mit anderen durch gemeinsamen Erkenntnisfortschritt Konsens zu erreichen oder eine Aufgabe, beziehungsweise ein Problem zu lösen. Die Teamfähigkeit ist auch außerhalb der Dialektik ein wichtiges Instrument, um überflüssige Konflikte zu meiden und notwendige mit einem sinnvollen Aufwand durchzustehen und zu beenden. Für die angewandte Dialektik ist sie unverzichtbar.

Unsere These lautet nun, daß Teamfähigkeit die Fähigkeit zur kooperativen und koordinativen Interaktion einschließt. Der Kooperation widersprechen folgende Interaktionsmuster:

○ Sternförmige Informationsweitergabe, -empfang und -verarbeitung (die Informationsströme werden linear auf den Vorgesetzten ausgerichtet). So könnte etwa ein geschäftsführender Gesellschafter prinzipiell alle Kommunikationsflüsse des Unternehmens, wie sie von den Abteilungen (Personal, Produktion,

Einkauf, Verkauf, Rechnungswesen) kommen und in die Abteilungen gehen, über sich lenken und somit »kurzgeschlossene Informationsströme« (etwa unmittelbar zwischen den Abteilungen Produktion und Marketing) zu verhindern versuchen. Kooperativem Führen ist wesentlich vernetzte Informationsverarbeitung eigen.

○ Selbstverantwortlichkeit des Mitarbeiters wird nicht irreversibel an Funktion oder Position gebunden, sondern durch Delegation zugeteilt.

Der Koordination widersprechen folgende Interaktionsmuster:

○ Anordnen oder befehlen, ohne die Ansicht des Mitarbeiters zur auszuführenden Handlung zu kennen oder sie in den Entscheidungsprozeß einbezogen zu haben.

○ Verdeutlichen, wer »Herr im Hause ist«. Dieses Fehlmuster gründet in der Überzeugung eigener (meist universeller) Überlegenheit, die in der hierarchischen Autorität begründet ist oder dort ihre Legitimation findet.

Damit ist keineswegs gesagt, daß es nicht notwendig sein kann, sich in bestimmten sozialen Situationen unkooperativ (also etwa autoritär) oder nichtkoordinativ (also subordinativ) zu verhalten. Der Teamfähigkeit darf nichts Zwanghaftes eigen sein.

Welche destruktiven (weil überflüssigen oder gar unlösbaren) Konflikte können nun durch mangelnde Teamfähigkeit ausgelöst oder verstärkt werden?

Hierher gehören zunächst einmal die bekannten *Dominanzkonflikte*. Ein Mensch, der unfähig ist zur Koordination und Kooperation, löst in der Regel Alphakämpfe um seine Position aus. Auch kann es leicht zur Gehorsamverweigerung kommen. Die (meist hierarchische, nicht personal gedeckte) Autorität unterdrückt Kritik und Kreativität. Das soziale und emotionale Leben der Mitarbeiter wird zu deren und des Unternehmens Schaden beschränkt.

Ferner ist zu bedenken, daß Vorgesetzte, die zur Koordination und zur Kooperation unfähig sind, in aller Regel dazu neigen,

○ ihr eigenes Verhalten nicht kritisch zu beobachten,
○ Schuld vorwiegend bei anderen zu suchen (und natürlich auch zu finden) und

O Mitarbeiter zu bevorzugen, die das Unternehmen unkritisch introjizieren.

Alle diese Muster können strukturell destruktive Konflikte institutionalisieren und die Innovationsfähigkeit des Unternehmens lähmen. Das Unternehmen ist oder wird zu einem selbstreferentiellen System.

Zudem wird sternförmige Informationsverarbeitung wohl stets dazu führen, daß sich Mitarbeiter als uniformiert fühlen und/oder sich funktionalisiert als »Produktionsfaktor« verstehen. Auch diese Interpretation der eigenen Rolle im Unternehmen wird manche Konflikte entweder auf Dauer unterschwellig halten oder – und das betrifft gerade »wertvolle«, wenn auch nicht gerade »pflegeleichte« Mitarbeiter – Menschen in die innere oder äußere Kündigung treiben. Die Gefühle »Ich gehöre dazu!« und »Ich bin nicht unwichtig!« sind Voraussetzungen, um soziale Konflikte mit einem sinnvollen Aufwand zu lösen.

Andererseits ist nicht zu verkennen, daß manche Vorgesetzte und Mitarbeiter durch ihre psychische oder/und soziale Orientierung und Einstellung teamunfähig sind (oder wurden). Teamunfähige Vorgesetzte sind kaum geeignet, ein attraktives Corporate Behavior zu realisieren. Zunächst teamunfähige Mitarbeiter lassen sich dagegen nicht selten so in ein Team integrieren, daß sie produktiv mitarbeiten können. Die Einführung dialektischer Techniken hat oft (auf den ersten Blick überraschenden) Erfolg.

Die Passungsfähigkeit

»Passungsfähig« ist ein Mensch dann, wenn er in der Lage ist (meist unbewußt), soziale Situationen zutreffend zu interpretieren und sich darin einzufinden. Die Passungsfähigkeit ist empirisch über die Art und die Zahl der Sprachspiele/Kommunikationsgemeinschaften zu erheben, in denen der Betreffende sich sozial sicher, und ohne Spielverderber zu sein, orientieren kann. Die Passungsfähigkeit schließt in keiner Weise eine naive Form des Charakteristikums »pflegeleicht« ein, das einen Zustand oder eine Eigenschaft bezeichnet, die um sich herum Harmonie verbreitet. Ein wichtiges Element der Passungsfähigkeit ist die Fähigkeit, notwendige Konflikte mit sinnvollem Aufwand (gemessen am Ertrag) durchzustehen und über Techniken zu verfügen, sie im rechten Augenblick zu beenden.

Nun »paßt« sicher nicht jeder Mensch zu jedem und nicht jeder in jedes Team. Die Passungskompetenz kann von den meisten nur für eine begrenzte Art von Menschen und Gruppen als Passungsperformanz praktisch gemacht werden. Kommen Menschen mit an sich guter Passungskompetenz zusammen, kann es geschehen, daß trotzdem keine Passung zustande kommt – das heißt, daß soziale Situationen, die beide durch ihre Interaktionen aufbauen, vom jeweils anderen unterschiedlich interpretiert werden und zu unverträglichen Verhaltenserwartungen an den anderen führen. In diesem Fall ist es angezeigt, neue Interaktionspartner zu wählen.

Gelegentlich wird die Passungsperformanz durch »*kommunikative Phantombilder*« erheblich begrenzt. Diese Phantombilder (meist negative Personal Images) kommen zustande, wenn in Abwesenheit des Betroffenen über ihn gesprochen wird. In diesem »Sprechen über« werden Wertungen und Erklärungen gesucht, gefunden und stabilisiert, die mit den Handlungen und den ihnen zugrunde liegenden Intentionen des Betroffenen nichts mehr zu tun haben. So entsteht nach und nach ein sich durch identische Wertungen und Erklärungen stabilisierendes Persönlichkeitsimage. Die Interaktionsangebote und -reaktionen gelten *prinzipiell* dem Image, dem Phantom – nicht dem konkreten Menschen mit seinen Interessen, Absichten, Einstellungen und Orientierungen. Da die Phantombilder meist sehr stabil sind (und selbst einen Wechsel des Unternehmens überdauern können), kommt es zu einer total verzerrten und realitätsabgelösten Vorstellung der Mitwelt über die potentielle Passungsfähigkeit des Betroffenen.

Doch wäre es falsch, solche negativen Phantombildungen ausschließlich der sozialen Umwelt anzulasten. In aller Regel ist auch das Verhalten des Betroffenen ein Mitgrund für eine negative Phantombildung. Vor allem folgende Handlungen oder Verhaltensmuster begünstigen sie:

○ »Undurchschaubarkeit«. Manche Menschen sind der Ansicht, daß ein Pokerface oder unerklärte Handlungen und Entscheidungen ihrer Autorität zuträglich seien. Das ist ein Irrtum. Im Gegenteil, ein solches Verhalten begünstigt negative Interpretationen und Wertungen. Und diese lassen eine personale Autorität erst gar nicht aufkommen.

○ Ungerechtigkeiten, Mißtrauen, mangelnde Verläßlichkeit und Wortbruch, seien sie wirklich oder nur vom Partner subjektiv so erfahren, werden oft als Ausdruck des Charakters verstanden (und nicht etwa als gelegentliche funktionale Fehlleistung). Um eine solche Interpretation auszuschließen, ist es vor allem in einem sozialen Umfeld, das sich noch keine feste Meinung bildete, notwendig, alle Handlungen und Entscheidungen, die als ungerecht, mißtrauisch, inkonsequent, wortbrüchig erfahren werden könnten, tunlichst zu vermeiden. Ist solches dennoch geschehen, bedarf es *glaubwürdiger* Erklärungen oder einer Entschuldigung.

○ Manipulatorische oder taktische Kommunikation wird sehr bald ein Feld des Mißtrauens aufbauen, in dem Phantome besonders gut gedeihen.

Es wäre nun mehr als merkwürdig, wenn solche negativen Phantombildungen nur Personen beträfen. Es gibt kollektive Phantombilder, die ganze Berufsgruppen oder ganze Branchen kennzeichnen. So sind etwa folgende Bilder verbreitet:

○ Manager sind »Knechte des Kapitals«.
○ Zahnärzte sind hinter dem Geld her.
○ Die Pharmaindustrie quält Tiere.
○ Die chemische Industrie ist an der Erhaltung der Umwelt nicht interessiert. Sie muß zu umweltfreundlichem Verhalten gezwungen werden.

Die Existenz solch negativer Phantombilder ist ein großes Hindernis auf dem Wege zu einer veränderten Corporate Identity. Die permanente Abwehr gegen das Phantom macht eine glaubwürdige und damit potentiell wirksame Veränderung der Unternehmensidentität nahezu unmöglich. Das wird offenbar, wenn wir einerseits die Stabilität von Phantomen bedenken und uns andererseits der dialektischen Beziehung zwischen Corporate Identity und Corporate Image erinnern. Bleibt letzteres stabil, ist ersteres kaum zu ändern. Entsprechendes gilt für das Verhältnis von Personal Identity und Personal Image.

Die Fähigkeit, mit eigenen und fremden Ängsten sinnvoll umzugehen

»Angst« bezeichnet einen unlustbetonten psychischen Zustand, der hervorgerufen wird durch eine real erlebte, vorgestellte oder auch weitgehend unbewußte Beeinträchtigung oder Bedrohung des physischen, psychischen, emotionalen, sozialen, religiösen Lebens. Im Zustand der bewußten oder unbewußten Angst ist die Kritikfähigkeit gemindert, die rationalen Kontrollen sind mehr oder weniger außer Kraft gesetzt.

Es ist erstaunlich, wie wenig Menschen bereit sind, sich offen ihre nichtphobischen (nichtneurotischen) Ängste einzugestehen und sie anzunehmen. In unserem Kulturkreis gilt Angst verbreitet als Schwäche und nicht als Element der Tugend »Tapferkeit«, die uns dazu führt, trotz des Angstwiderstandes, etwas zu tun, was wir für richtig halten.

Das Ausweichen vor Situationen, die uns angst machen könnten oder unsere latenten Ängste bewußt werden lassen, mindert erheblich unsere Konfliktfähigkeit. Der Besitz der Tugend der Tapferkeit dürfte eine wichtige Voraussetzung sein, nicht nur optimal mit psychischen und/oder sozialen Konflikten umzugehen, sondern auch die Angst vor der Angst zu verlernen und so die Angst, die unser psychisches System *jeder Neuerung* entgegenbringt, zu beherrschen und zu kreativen Aktivitäten zu sublimieren. Angst zu haben ist keine Schande, kein Zeichen von unzulässiger Schwäche, sondern notwendige Voraussetzung für jene personale Kraft und Stärke, die in Tapferkeit (und nicht etwa in Verwegenheit oder Dummheit) wurzelt.

Die Fähigkeit zur Toleranz

Toleranz zu sein gegenüber Meinungen, die mit den unseren weitgehend übereinstimmen, oder gegenüber Menschen, die wir sympathisch finden, ist keine Kunst, die wir erst erlernen müßten. Gelernt werden muß dagegen die Toleranz gegenüber Meinungen, die nicht die unseren sind, vielleicht die unseren negieren, und gegen Menschen, die wir nicht leiden mögen. Toleranz impliziert das Vermögen und die Bereitschaft, Einstellungen und Handlungen, Kommunikationsmuster und Beurteilungen (von Menschen und Situationen) nach den gleichen Standards (Normen, Wertungen, Einstellungen), die unserem Handeln und Entscheiden zugrunde liegen, *unverändert* gegen uns selbst gelten zu lassen.

Diese Toleranz ist die Voraussetzung für ein sinnvolles Miteinanderumgehen, vor allem im Antipathiefeld. Sie mindert die Wahrscheinlichkeit, daß es zu kontraproduktiven nur in der Antipathie wurzelnden Antipathie-Widerständen kommt. Solche können sich gegen alles richten, was der antipathische Partner vorschlägt, meint, will, entscheidet. Wird dieser Widerstand zu einem Standardverhalten in einer Paarbeziehung oder einer Gruppe, wird sich die Paarbeziehung sinnvoll auflösen oder die Gruppe sich von dem Widerstandleistenden trennen müssen.

Die Fähigkeit zu tolerantem Miteinander kann vor allem dann sehr strapaziert werden, wenn ein negatives Vorurteil eine Meinung, ein Verhalten, ein Charaktermerkmal, einen Menschen oder eine Klasse von Menschen betrifft, etwa Ausländer, Strafentlassene, Terroristen oder Homosexuelle.

Dabei müssen wir uns stets bewußt bleiben, daß es, wie schon ausgeführt, eine »absolute Toleranz« nicht geben kann. Das gilt auch für den Umgang mit Vorgesetzten, Kollegen und Mitarbeitern. Ein Mensch, der aktiv-intolerant ist und mit seinem angeblichen Wissen um wahre Erkenntnis und geltende Normen andere unterdrückt – und mögen die Unterdrückungsmechanismen noch so sublim sein –, fordert im Namen der Toleranz zum Widerstand heraus. Nur aktiv-intolerante Menschen müssen aktive Intoleranz der Toleranten gegen sich gelten lassen.

Die Fähigkeit zur passiven Aktivität

Viele Menschen unseres Kulturkreises sind der eigentümlichen Meinung, daß nur aktive Aktivität zur sozialen Performanz gehöre. Nicht nur die Fähigkeiten der *passiven* Aktivität (Zuhören, Zuschauen, Abwarten, Geduld, Nachdenken) sind ihnen abhanden gekommen, sondern auch das Wissen um deren Bedeutung. Und dennoch sind diese Fähigkeiten für ein menschliches Miteinander, vor allem aber auch für alle dialektische Kommunikation schlechterdings, unverzichtbar.

Die Unfähigkeit zuzuhören, zur Geduld, zum Geschehenlassen führt nicht selten zu institutionalisierten, weil in der Charakterstruktur der Beteiligten begründeten Konflikten, die nicht auflösbar sind. Nur die Fähigkeit zur aktiven Passivität sichert die Chance, dialektisch und gleichzeitig in friedvollem Einverständnis miteinander umzugehen. Die aktive Aktivität will zumeist kämpfen, siegen, sich durchsetzen. Nicht wenige Manager verwechseln Aktivität und Arbeit. Sie sind mitunter wöchentlich sechzig Stunden im Unternehmen aktiv, arbeiten aber nur sehr wenig. So kommen sie vor lauter Beschäftigung weder zum Zuhören noch zum Nachdenken. Für getreue Systemagenten sind beide Beschäftigungen auch recht überflüssig, ja störend. Will ein Manager aber seine Teamfähigkeit und seine Kreativität verbessern, wird er beides (wieder) lernen müssen. Es kommt darauf an, die kollektive Psychose zu überwinden, die Beschäftigung mit Arbeiten (einem Handeln, dessen Folgen die Verbesserung des Marktwerts des im Unternehmen erzeugten Arbeitsproduktes sind) verwechselt und so zu vermeidbaren psychischen Schäden führen kann. Solche Aktivisten leben zumeist ein Leben aus zweiter Hand, sie werden gelebt. Sie werden abhängig von Fremderwartungen, statt sie zu schaffen. Sie werden unfähig, stabile soziale Bindungen einzugehen oder durchzuhalten. Sie werden intolerant gegen Andersdenkende oder Andersseiende. Sie werden zu Dogmatikern.

Was aber kann man tun, wenn man bei sich solche Grenzen sozialer Performanz feststellt? Ich denke, es ist wichtig, zunächst zeitlich (etwa auf zwei bis vier Stunden) oder partnerorientiert eingeschränkt (etwa auf den Ehepartner oder einen Kollegen) die Kunst des »Age, quod agis« (»Tue das, was du tust, ganz, und halte nichts für wichtiger als das, was du gerade tust«) einzuüben. Das läßt sich nicht nur in kommunikativen Szenen trainieren, sondern ist auch möglich in der Einstellung aufs Atmen, Spazierengehen, Zeitunglesen, Fernsehen, Joggen oder Essen. Der Verlust der Fähigkeit, das »Age, quod agis« zu realisieren, führt bei nicht wenigen Menschen dazu, entweder etwas für wichtiger zu halten als das, was sie gerade tun und so die Gegenwart zu verlieren und kommunikativ zu versagen.

Auch das Meditieren kann hilfreich sein, um passive Aktivität zu erlernen. Eine Einführung in Meditationstechiken finden Sie in meinem Buch »Meditationstechniken für Manager« (1989) vorgestellt. Optimal läßt sich Meditieren allerdings nur in einem Seminar erlernen, das wenigstens eine Woche dauern muß.

III. Kapitel

Die Konstruktion von Bäumen (Arborisierung)

Die Konstruktion von Fahnen ist ein erster Schritt auf dem Wege zur dialektischen Problemlösung. Für die dialektische Konsensbildung ist sie in der Regel ausreichend. Zu einer vollständigen Problemlösung gehört in einem zweiten Schritt jedoch eine weitere Untersuchung der Bedingungen. Obwohl die in der Fahne aufgelisteten Bedingungen auf den ersten Blick notwendig zu sein scheinen, gilt es zu prüfen, ob sie nicht doch durch andere ersetzt werden können. Das würde bedeuten, daß für eine Problemlösung mehrere Bedingungsketten zur Verfügung stehen können, unter denen man nach zusätzlichen Kriterien (etwa Minimierung des zur Erfüllung der Bedingungen und der Praktizierung des Bedingungskatalogs erforderlichen zeitlichen, personellen, psychischen und sozialen, finanziellen Aufwands) auswählen kann.

Um solche Alternativen ausfindig zu machen, verwendet man die Konstruktion von Bäumen. Diese Methode wurde von Porphyrios aus Tarsos (234−304 n. Chr.) in seiner »Eisagoge«, die im Mittelalter geradezu weltgeschichtliche Bedeutung erlangte und in alle damals erheblichen Kultursprachen (Syrisch, Lateinisch, Arabisch, Armenisch) übersetzt wurde, entwickelt. Man spricht seitdem vom »Baum des Porphyrios« (*arbor porphyriana*).

Die Konstruktion von Bäumen setzt die Konstruktion einer Fahne voraus. Sie ist unverzichtbar, wenn Sie allein oder im Team ein Problem lösen oder doch rational analysieren wollen.

Ein Baum wird durch Knoten aufgebaut. Ein Knoten, der keinen Vorgänger hat, nennen wir »Wurzel«. Einen Knoten ohne Nachfolger nennen wir Blatt. Im Regelfall sollten Bäume so aufgebaut werden, daß jeder Knoten, der keine Wurzel ist, genau einen unmittelbaren Vorgänger besitzt. Sollte es also zu Verzweigungen kommen, die man, um unnötige Schreibarbeit zu ersparen, wieder an den Hauptstamm zurückbindet, weil von der Verbindungsstelle die Verzweigungen identisch weiterlaufen, so muß diese Rückbindung theoretisch an die Verbindungslinie erfolgen, die dem Knoten, ab dem das weitere Fortschreiten in gleicher Weise verläuft, unmittelbar vorausliegt. Wir werden statt dessen schreiben: »Go to Knoten x« (GTx), wenn gemeint ist: »Go to Verbindung zwischen Knoten x und seinem Vorgänger.«

Die wissenschaftliche Dialektik kennt neben Go-to-Anweisungen auch Go-sub-Anweisungen. Sie werden nötig, weil eine als möglich erkannte »Ersatzbedingung« unter Umständen die semantischen Bedeutungen wichtiger in den vorhergehenden Bedingungen auftauchender Begriffe ändert. Das aber bedeutet, daß auch die vorhergehenden Bedingungen eine andere semnatische Bedeutung haben können. In diesem Fall ist es notwendig, die vorhergegangenen Bedingungen erneut zu durchlaufen und die Frage nach ihrer Erfüllung oder Erfüllbarkeit erneut zu prüfen. Die Prüfung, die der Konstruktion des Hauptstammes des Baumes (der Fahne als) folgte, kann unter Umständen unzureichend gewesen sein. Wir begegnen hier einer Erscheinung, die Ihnen aus dem täglichen Sprachgebrauch geläufig sein wird: Die Bedeutung eines Satzes kann abhängen von dem Kontext, in dem er steht. Wir wollen jedoch im folgenden von solchen Go-Sub-Anweisungen absehen, da dieses Buch nur eine erste Einführung in die Techniken rational geleiteter Kommunikation geben möchte.

Der Grundgedanke solcher Baumkonstruktionen war zunächst die Feststellung der logischen Beziehungen zwischen zwei Begriffen. Gesucht wurde der Begriff mit dem kleinsten Umfang (Anwendungsbereich), unter den die beiden gegebenen fielen. Soll etwa der Begriff mit dem kleinsten Umfang gesucht werden, der die Begriffe »Aufzug« und »Straßenbahn« miteinander verbindet, gelangt man zu dem Oberbegriff »Schienenfahrzeug«. Der Baum hätte dann etwa folgende Struktur:

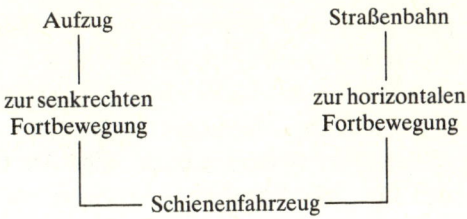

Der Begriff »Fahrzeug« würde die Bedingung des kleinsten Umfangs nicht erfüllen, da darunter eine Fülle anderer Fahrzeuge fallen, die weder Aufzüge noch Straßenbahnen sind.

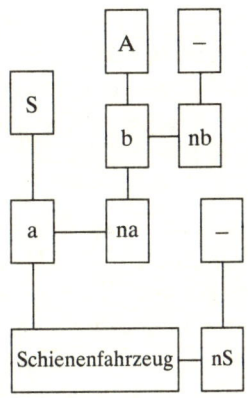

Nun könnte man aber auch den Baum anders konstruieren, und er wäre wie folgt zu lesen: Die Wurzel bildet »Schienenfahrzeug«. Der Knoten mit dem »nS« neben dem Knoten »Schienenfahrzeug« stellt die Frage nach einer Alternative. Der darüber angeordnete Knoten mit dem »–« sagt, daß diese nicht bekannt sei. Der Nachfolgeknoten zu »Schienenfahrzeug« enthält »a« (und steht für »zur vorwiegend horizontalen Beförderung bestimmt«). Der ihm folgende Knoten enthält »S« (verschiedene zur vorwiegend horizontalen Beförderung bestimmte Schienenfahrzeuge wie Straßenbahn, Eisenbahn, Feldbahn). Um zur Tram zu kommen, wären weitere Unterscheidungen nötig (etwa »c«, gleichbedeutend mit: vorwiegend für den innerstädtischen Verkehr bestimmt), die wir uns hier ersparen.

Neben dem »a«-Knoten ist wieder ein »na«-Knoten (»Nicht a«-Knoten, das heißt: nicht vorwiegend zur horizontalen Beförderung bestimmt) zu finden, der wiederum nach einer Alternative fragt. Diese bietet sich durch den Auftrag »zur vorwiegend vertikalen Beförderung bestimmt«, an. Diesen Sachverhalt notieren wir durch den Knoten »b«. *Darüber* ist der Knoten A (Aufzug) angebracht und *daneben* der Knoten »nicht b« (nicht zur vorwiegenden vertikalen Beförderung bestimmt). *Darüber* befindet sich wieder ein Knoten mit einem »−«. Er soll sagen: Die Menge der in diesem Knoten unterzubringenden Gegenstände ist nach dem Stand augenblicklichen Wissens oder logisch zwingend leer. Das heißt, es gibt (kontrafaktisch) außer vorwiegend der horizontalen oder der vertikalen Beförderung dienenden Schienenfahrzeugen keine weiteren.

Wir haben also folgende Symbole und Regeln eingeführt:

a, b, c, d . . . bedeuten Eigenschaften von Sachverhalten.

n vor einem dieser Buchstaben bedeutet das Fehlen dieser Eigenschaft.

»−« bedeutet: »Dieses Feld ist leer.«

Ferner sind horizontale Ketten als Oder-Ketten und vertikale Ketten als Und-Ketten zu lesen. Die hinreichenden Bedingungen befinden sich also nebeneinander (horizontal), und die notwendigen Bedingungen stehen übereinander, sind vertikal angeordnet. Die erste Alternative zu einem Und-Kettenglied ist stets deren (kontradiktorische) Negation. Kann sie nicht durch ein weiteres Merkmal ergänzt werden (zu einem konträren Gegensatz), ist das Merkmal nicht substituierbar. In unserem Beispiel ist »a« durch »(−a+b)« substituierbar. Es führt zu »A«. Dagegen ist »Schienenfahrzeug« nicht substituierbar. Im folgenden werden wir, um uns unnötige Schreibarbeit zu ersparen, nach dem Stand unseres Wissens oder aufgrund logischer Notwendigkeit nichtsubstituierbare Merkmale nicht mit einer Oder-Kettung weiterführen.

Zwei weitere blättercharakterisierende Zeichen seien eingeführt, die wir bei der Überprüfung von Fahnen benötigen:

(+) »Die These ist über die zu diesem Blatt führenden Bedingungsketten stimmig (erhält Konsens)!« Und:

(−) »Die These ist nicht stimmig!« (Da wir das »−«-Zeichen nicht mehr für Oder-Ausschlüsse benötigen, bildet es jetzt die Endstation einer potentiellen Und-Kette). An dieser Stelle wäre die Unterscheidung zwischen kontradiktorischem Gegensatz (etwa zwischen a und na) und konträrem Gegensatz (etwa zwischen S und A) auszuführen. Sie finden dazu etwas im Anhang dargestellt.

Das hier theoretisch und vermutlich für den logisch nicht vorgebildeten Leser kaum verständlich Vorgestellte sei nun an einigen Beispielen erläutert und verdeutlicht. Wir beginnen mit dem 13. Beispiel unseres Fahnenkapitels.

1. Überprüfung der 13. Fahne

Die 13. Fahne erstellte den Bedingungskatalog zur These »Selbstverwirklichung ist biophil«. Die Fahne sei hier der besseren Übersicht wegen nochmals vorgestellt:

These: Selbstverwirklichung ist *nur dann* biophil, *wenn* . . .
Schaden anderer weder gewollt noch ohne verantwortete Güterabwägung in Kauf genommen wird (a),
über personale Freiheit verfügt wird (b),
sie von realistischer Selbsterkenntnis getragen wird (c),
es zu einer positiven Selbstannahme des so erkannten Selbst kommt (d),
sie von einer sittlich orientierten Person angestrebt wird (e),
sie zu biophilem Handeln motiviert (f),
das Selbst zureichend reif ist (g).

Oft ist es günstig, die Bedingungen der Fahne zu hierarchisieren. So sollte man etwa anstreben, aus einer unverzichtbaren Bedingung (die also nicht durch eine Alternative ersetzt werden kann) die Wurzel zu bilden. Steht sie an oberster Stelle, wird sich ein Baum nur begrenzt entfalten, da er nur ein +−Blatt entwickelt.

Wir wählen etwa die Folge g − b − c − d − e − a − f. Die Buchstaben tragen wir in unseren Baum ein. Die nach ihnen benannten Knoten bilden den Hauptstamm unseres Baumes. Jetzt überlegen wir uns, beginnend mit der Wurzel, welche Bedingungen eventuell zu substituieren sind. Ist g nicht gegeben, ist also das Selbst nicht zureichend reif, dann muß zumindest für den Fall biophiler Selbstverwirklichung gelten, daß sie nicht zu einer psychischen Schädigung (h) führt. Ist b nicht gegeben, wird also nicht über personale Freiheit verfügt, so muß doch auf diese Freiheit einmal verantwortet verzichtet worden sein (i). Wenn wir die Bedingung b durch die Bedingung i (die vollständig durch vier und gekettete Bedingungen gebildet wird) substituieren, entfallen die Bedingungen d und e. Wir springen also von i nach a. In unserem Baum wird das symbolisiert durch die Anweisung »go to a«.

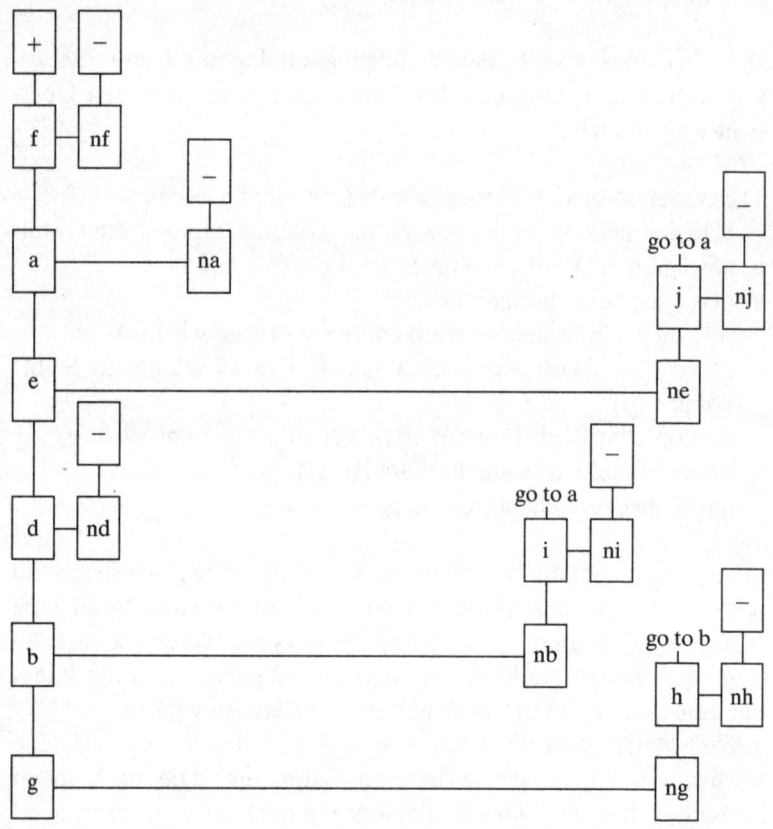

Die zusätzlich eingeführten Bedingungen lauten:

Die Selbstverwirklichung ist *nur dann* biophil, *wenn* . . .

h — die Person nicht psychisch schwer geschädigt ist,

i — einmal über personale Freiheit verfügt wurde *und* in dieser Zeit feste (strukturell fixierte) sittliche Orientierungen ausgebildet wurden *und* es zu einer verantworteten Selbstannahme kam *und* Orientierung *und* Selbstannahme auch heute noch realitätsadaptiert sind,

j — von einer moralisch orientierten Person (das heißt einem Menschen, der zwar keine Sittlichkeit über die verantwortete Übernahme handlungsleitender Werte ausbildete, wohl aber kritisch, über Identifikation und nicht über Introjektion, die Standards der sozialen Systeme übernahm, in die er existentiell in seiner Sozialisation eingebunden wurde) angestrebt wird.

Im folgenden wollen wir eine weitere Vereinfachung einführen: Wir wollen auf das Einzeichnen von »nx«-Knoten verzichten und unmittelbar die Substitute eintragen. Unser Baum erhält dann, wenn wir die GTx (ausnahmsweise) ausziehen, folgende Struktur:

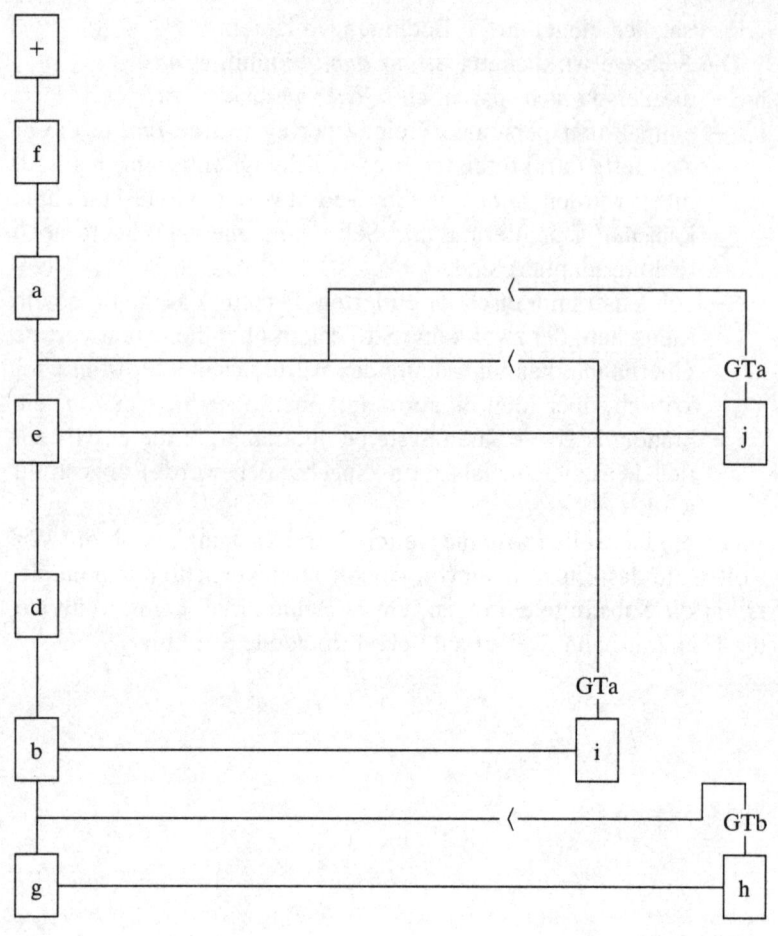

Bei den folgenden Beispielen werden wir auf solche graphischen Darstellungen der Go-to-Verweise verzichten.

Damit verfügen wir schon über ein Repertoire wichtiger Regeln für die Arborisierung:

Die Arborisierung geschieht in folgenden Schritten:
(1) Hierarchisierung der Bedingungen.
(2) Arborisierungsversuch.
(3) Bei identischen Zweigen erfolgt eine Rückbindung an den höheren Knoten.

Um sich ein wenig mit der semantischen Problematik der Identität von Bedingungsfolgen vertraut zu machen, die nicht über den Hauptstamm dargestellt werden, prüfen Sie bitte einmal, ob der Begriff »biophile Selbstverwirklichung« tatsächlich identisch bleibt, wenn man ihn über den Hauptstamm (g – b – d – e – a – f) analysiert oder über einen Nebenstamm (etwa: h – i – a – f). Sie werden leicht erkennen, daß tatsächlich eine Bedeutungsverschiebung vorliegt. Es ist also keineswegs gleichgültig, auf welchem Wege man zu einer Problemlösung gelangt.

2. Überprüfung der 11. Fahne

Wir wollen nun die im 11. Beispiel des ersten Kapitels vorgestellte Fahne arborisieren. Zunächst sei noch einmal die Fahne korrigiert wiedergegeben. Dabei löschen wir einige Bedingungen, die sich wenigstens teilweise mit anderen überlappen, und hierarchisieren versuchsweise die übrigen. Sie sieht nun folgendermaßen aus:

These: Führen ist *nur dann* biophil, *wenn* . . .
unvermeidliche Entfremdungen minimiert werden (i),
Grundrechte gesichert sind (c),
niemand gezwungen wird, gegen sein Gewissen zu handeln (a),
niemand ohne schwerwiegenden Grund daran gehindert wird, etwas zu tun, was sein Gewissen ihm zu tun gebietet (b),
es sich orientiert an der sozialen und fachlichen Performanz aller Beteiligten (j),
das Unternehmen selbst sozial wertvoll ist (h),
der Unternehmensbestand nicht gefährdet wird (g),

den Mitgliedern der inneren Umwelt des Systems nicht vorsätzlich oder fahrlässig Schaden zugefügt wird (d),
Mitgliedern der inneren Umwelt des Systems Schaden nur aufgrund einer verantworteten Güterabwägung zugefügt wird (e),
keine nekrophilen Mittel zur Erreichung von Zielen (etwa von Problemlösungen) eingesetzt werden (f).

Die zu substituierenden Bedingungen versehen wir mit einem Index; $a(1)$ substituiert also a. Der Einfachheit halber zählen wir die Indizes auch weiter, wenn wir auf demselben Ast weitere, wenn auch höher hierarchisierte Bedingungen notieren. So kann es sein, daß erst eine Summe von Bedingungen die ursprüngliche substituiert. So ersetzt unter Umständen $c(1)+c(2) - c$ oder $c(3)+c(4) -c(2)$.

Dabei bedeuten die indizierten Ziffern:

a1 – wenn einer Person das Handeln gegen ihr Gewissen aufgrund verantworteter Gewissensbildung aus welchen Gründen und unter welchen Umständen auch immer ethisch erlaubt ist,

b1 – analog zu a1,

c1 – wenn Grundrechte (a) nur zufällig (und nicht aufgrund der Systemstrukturen) *und* (b) das Grundrecht auf Würde und Leben nicht berührt werden *und* (c) Grundrechte nicht lang andauernd nicht gesichert sind,

c2 – die Betroffenen damit einverstanden sind,

c3 – die Betroffenen *nicht* damit einverstanden sind,

c4 – schwerwiegende Gründe vorliegen (Notstand),

f1 – wenn (a) der Einsatz nekrophiler Mittel ethisch erlaubt ist (das setzt voraus, daß sie nicht *in sich* schlecht sind [etwa aufgrund der Bewertung innerhalb einer deontologischen Ethik]) *und* (b) die Biophilie-Bilanz positiv ist,

f2 – wenn die betriebliche Biophilie-Bilanz (bezogen auf die innere Umwelt des Unternehmens) negativ ist,

f3 – wenn die Biophilie-Bilanz, bezogen auf alle Personen der inneren *und* äußeren Umwelt des Unternehmens, positiv ist,

g1 – wenn (a) das Unternehmen keine Güter herstellt, die vorwiegend nekrophil verwendet werden, *und* (b) der Unternehmensbestand sozial wünschenswert ist,

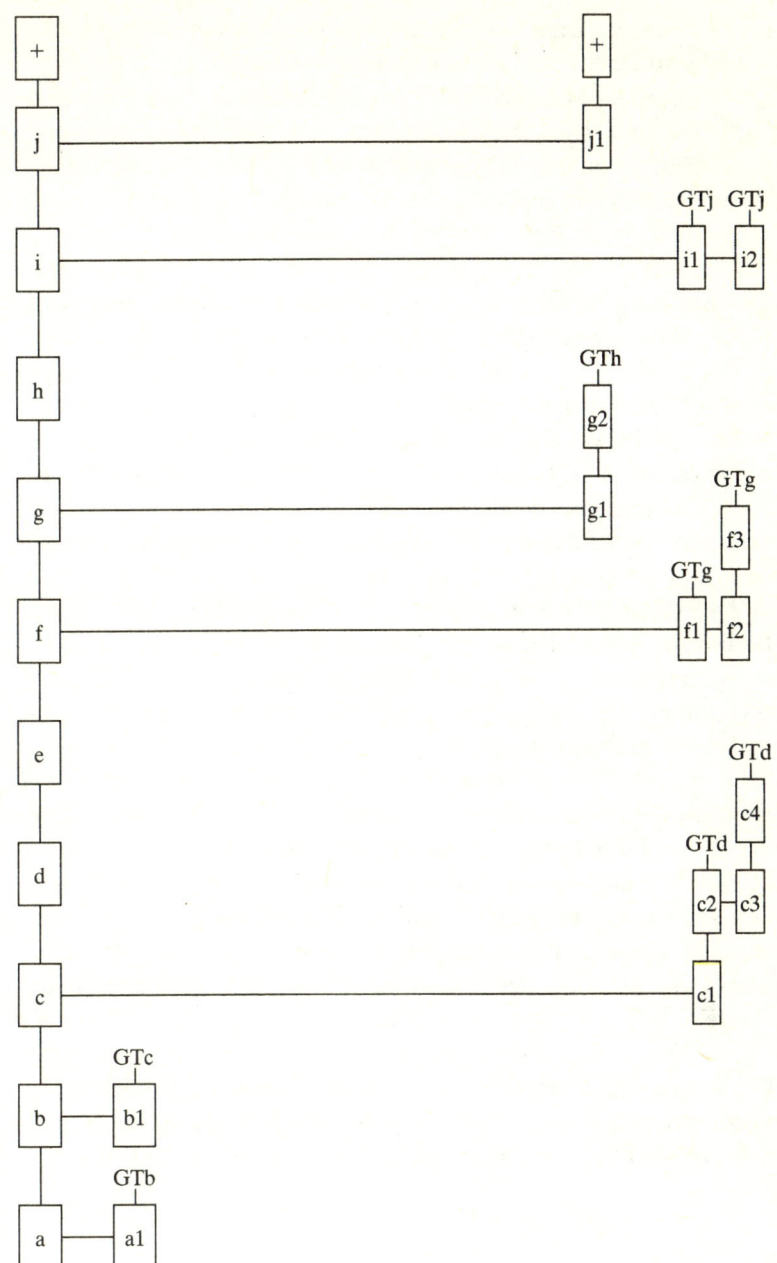

149

g2 – wenn das Unternehmen ansonsten wettbewerbsfähig ist,

i1 – wenn anders der Unternehmensbestand gefährdet ist,

i2 – wenn die Mitarbeiter (a) das Unternehmen über Identifikation internalisierten *und* (b) mit der Nichtminimierung der Entfremdungen einverstanden sind,

j1 – wenn innere und/oder äußere Zwänge eine solche Orientierung verhindern.

Ein möglicher Nebenstamm (eine faktisch hinreichende alternative Kette notwendiger Bedingungen) erlaubt etwa diese Folge: a1 – b1 – c1 – c3 – c4 – d – e – f2 – f3 – i2 – j1 – g1 – g2. Auch er endet in dem +-Blatt. Mehrere +-Blätter tauchen nur auf, wenn der oberste Knoten eine Alternative zuläßt. In diesem Fall erhält diese ein eigenes +-Blatt. Welchen Weg man einschlägt, um ein +-Blatt zu erreichen, hängt ab von den Kriterien der Optimierung von Brauchbarkeit und Nützlichkeit der angestrebten Lösung oder Entscheidung.

Wir wollen uns nun fragen, ob durch die Substitution einer Bedingung durch eine andere, eine vorhergehende, ihre (semantische) Bedeutung ändert. Als Beispiel wählen wir die durch f1 substituierte Bedingung f. Statt des Ausschlusses nekrophiler Strategien in Problemlösungsprozessen setzen wir ein: »Nekrophile Strategien sind ethisch erlaubt, und die Biophiliebilanz ist insgesamt positiv.« Wir fragen uns, ob jetzt nicht etwa die Bedingung c (Sicherung der Grundrechte) eine andere (semantische) Bedeutung erhält. Offensichtlich bedeutet jetzt »Sicherung« inhaltlich etwas anderes. Wenn das Biophiliekriterium handlungsleitend ist, wird das Verfahren und die Praxis von »Sicherung« sehr viel anders aussehen, als wenn das Biophiliekriterium nur eine Zielvorgabe vorstellt.

Um diesem Sachverhalt gerecht zu werden, müßte an sich über Go-sub-Anweisungen ein neuer Hauptstamm erzeugt werden. Wir verzichten jedoch aus schon erwähntem Grund auf solche »Feinheiten«, da sie mit erheblichem Definitionsaufwand verbunden sind.

Sie bemerken, daß eine Ersatzbedingung mehrere Bedingungen umfassen kann. Oft ist es üblich, sie bei der Arborisierung nach oben (als Und-Kette) zu ketten. Wir sehen hier davon ab, um unnötige Schreibarbeit zu vermeiden. Andererseits sind wir dann aber genötigt, nach rechts (in einer Oder-Kette) die Negation einer Teilbedingung gesondert einzutragen. Das gibt natürlich nur Sinn, wenn (in einer Und-Kette, also nach oben abzutragen) eine weitere Zusatzbedingung genannt wird.

3. Überprüfung der 1. Fahne

Wir übernehmen wieder die Fahne aus dem vorhergehenden Kapitel:

Tierexperimente *ja, nur dann, wenn* . . .
so Überprüfungen der Wirkungen am menschlichen Organismus ersetzt werden können (a),
die erwarteten Medikamente für Menschen lebenswichtig sind (b),
die Tierversuche so gering wie möglich gehalten werden (c),
kein Tier vermeidbare Schmerzen erleidet oder erleiden könnte (d),
keine »Fangtiere« eingesetzt werden (e),
keine Medikamente mit ähnlicher Wirkung schon entwickelt wurden (f).

Wir übernehmen also unproblematisiert die vorgegebene Hierarchisierung. Es liegt nun nahe, folgenden Baum zu generieren (Abb. s. Seite 152):
a1 – wenn (Überprüfungen an menschlichen Organismen nicht ersetzt werden können und) nach verantwortetem Ermessen keine gesundheitsgefährdende Belastung des menschlichen Organismus zu erwarten steht,

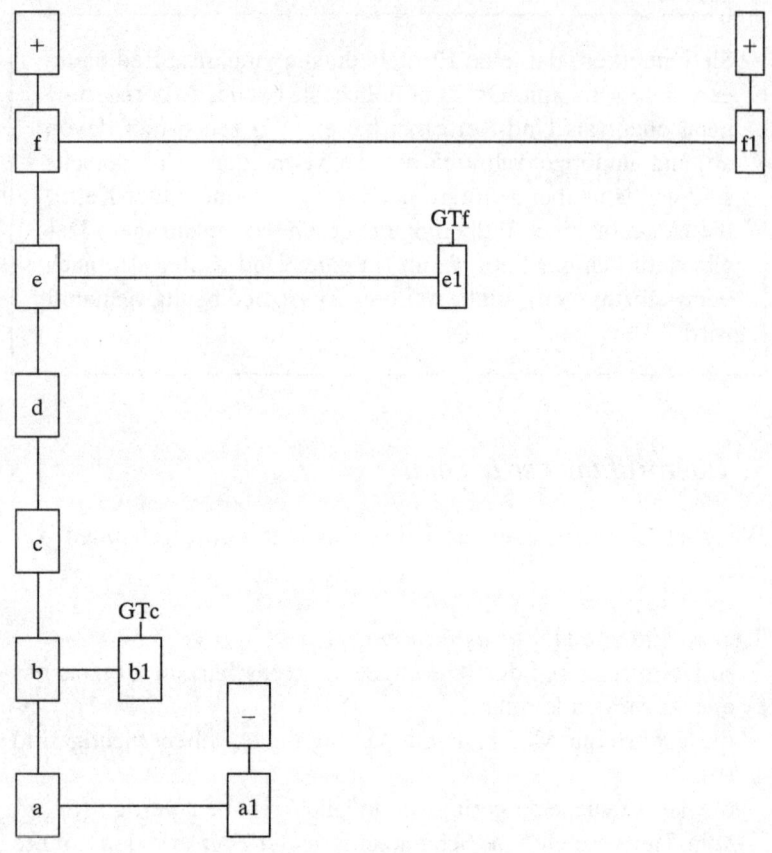

b1 – wenn (die erwarteten Medikamente nicht lebenswichtig sind und) zu erwarten steht, daß die Lebensqualität der mit dem neuen Medikament Behandelten erheblich verbessert wird,

e1 – wenn (Fangtiere eingesetzt werden und) (a) nachweisbar herrenlos und (b) geeignet sind,

f1 – wenn (Medikamente mit ähnlicher Wirkung schon entwickelt wurden und) das zu erwartende neue Medikament (a) weniger negative Nebenwirkungen zeigt *oder* (b) zu erwarten steht, daß es gegen in Zukunft resistent gewordene Stämme wirksam ist (etwa bei Antibiotika oder die Malaria tropica bekämpfende Medikamente).

Wir haben hier in Klammern die im Baum nicht auftauchenden Negation der Hauptstammbedingungen noch einmal eingefügt. Im folgenden sind sie stets mitzulernen.

Wir können also die Hauptstammkette (a − b − c − d − e − f) etwa durch folgende Nebenstammkette ersetzen: a − b1 − c − d − e1 − f1 und gegebenenfalls eine entsprechende Fahne konstruieren. Eine solche Fahne hätte dann folgende Struktur:

Tierexperimente ja, *nur dann, wenn* . . .

> so die Überprüfung der Wirkungen und Nebenwirkungen am menschlichen Organismus ersetzt werden können (a),
> so die Lebensqualität der Behandelten voraussichtlich erheblich verbessert werden kann (b1),
> die Zahl der Tierversuche möglichst klein gehalten wird (c),
> kein Tier vermeidbare Schmerzen erleidet oder erleiden könnte (d),
> eventuelle Fangtiere geeignet und sicher herrenlos sind (e1),
> die Nebenwirkungen vorhandener Medikamente voraussichtlich gemindert oder Medikamente gegen in absehbarer Zeit resistent werdende Krankheitserreger entwickelt werden sollen (f1).

Welche der verschiedenen möglichen Bedingungsfahnen tatsächlich zur Entscheidung führt, kann nicht vorausgesagt werden. Sie hängt zum einen von den Einstellungen der Teilnehmer zu funktionaler Brauchbarkeit/ethischem Nutzen einerseits und von der Beantwortung der Frage nach dem für die Erfüllung der Bedingung notwendigen Aufwand ab. Um die gestellte Frage (das vorgestellte Entscheidungsproblem etwa) sinnvoll lösen zu können, müssen theoretisch alle möglichen Fahnen überprüft werden. In der Praxis reicht es aus, zwei oder drei zu überprüfen, wenn nicht schon der Hauptstamm (die Ursprungsfahne) zu einer Antwort führt.

4. Überprüfung der 8. Fahne

Auch in diesem Beispiel sei zunächst einmal die im vorherigen Kapitel generierte Fahne vorgestellt und deren Bedingungen neu hierarchisiert:

Eine Person darf ethisch verantwortet *nur dann* ihre Würde aufgeben, *wenn* . . .

ihr sittliches Gewissen ihr das erlaubt (a),

es freiwillig (selbstverantwortet und selbstgesteuert) geschieht (b),

die Handlung, die durch die Aufgabe erlaubt wird, vom sittlichen Gewissen gefordert wird (c),

ein höheres Gut (etwa eigenes oder fremdes personales Leben) nur so erhalten werden kann (d).

Versuchen wir nun über die Konstruktion eines Baumes, substituierende Bedingungen ausfindig zu machen. Dabei müssen wir berücksichtigen, daß schon bei der Konstruktion der Fahne vorausgesetzt wurde, daß der Gehorsam gegen den Spruch des eigenen Gewissens nicht »höchstes Gut« (und damit deontologisch geboten) ist:

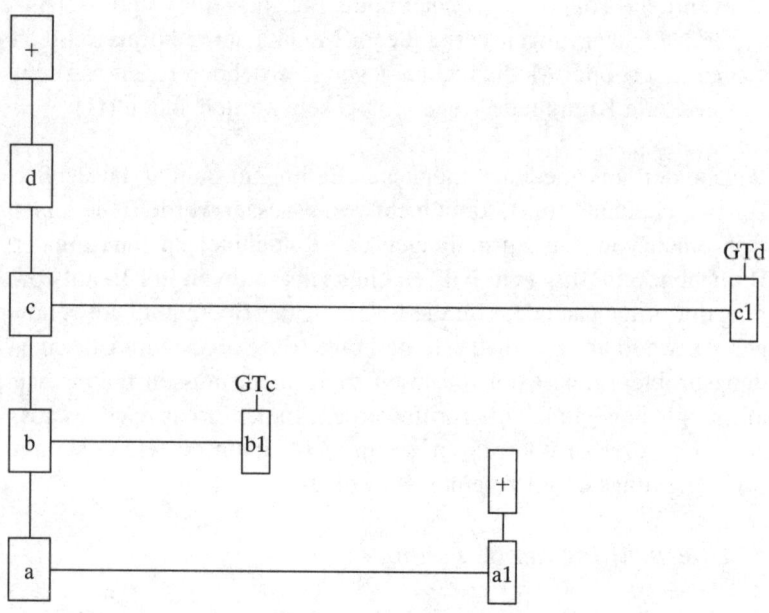

a1 — wenn die der Würde widersprechende Handlung unter schweren psychischen Zwängen (etwa bei Psychotikern) eingefordert wird,

b1 — wenn (a) das sittliche Gewissen nicht entwickelt wurde *und* (b) die Handlung vom moralischen Gewissen erlaubt wird,

c1 — wenn (a) das sittliche Gewissen nicht entwickelt wurde *und* (b) die Handlung vom moralischen Gewissen gefordert wird.

Der Hauptstamm a — b — c — d könnte also etwa ersetzt werden durch den Nebenstamm a — b1 — c1 — d. Eine entsprechend veränderte Fahne müßte vorgestellt werden, wenn etwa die ersten (die auf dem Hauptstamm) gelisteten Bedingungen entweder keine Zustimmung fänden oder für nicht erfüllbar gehalten würden.

5. Überprüfung der 9. Fahne

Auch hier sei zunächst wieder die im vorhergehenden Kapitel entwickelte Fahne (mit einigen Korrekturen) vorgestellt.

Die Ausübung institutionalisierter Gewalt entmenschlicht den Gewaltausübenden *nur dann* nicht, *wenn* . . .

er seine Autonomie gegenüber den Zwangsinstanzen bewahrt (a),

er bevorzugt mit denen, gegen die er Gewalt ausübt, in Koordination umgeht (h),

er niemals gegen den Spruch seines sittlichen Gewissens handelt (c),

er Gewalt nur in zwingenden Fällen, über eine Güterabwägung verantwortet, einsetzt (e),

er mit Konflikten, die aus der Gewaltausübung hervorgehen, sinnvoll umgehen kann (i),

die Gewalterleidenden die Ausübung von Gewalt akzeptieren (g),

er mit zureichender sozialer Kompetenz (natürlicher Autorität) begabt ist (d),

er über eine biophile Basisorientierung verfügt (b),

die Gewaltanwendung legitim ist (f),

das »Gewaltsystem« nicht nekrophil ist (j).

Wie könnte nun der entsprechende Baum konstruiert sein? Da diese Konstruktion unmittelbar aus den substituierenden Bedingungen erfolgt, reicht es, sie hier anzuführen, ohne den Baum explizite zu konstruieren.

a1 – wenn er (a) sich der Heteronomie bewußt ist *und* (b) sie kritisch realisiert (bis hin zum Ausscheiden aus dem Unternehmen),

b1 – wenn er über eine Basisorientierung verfügt, die sich an einem anderen »höchsten Gut« als dem der Biophilie orientiert (etwa »Selbstzwecklichkeit« der Person),

c1 – wenn (a) ein sittliches Gewissen nicht ausgebildet wurde *und* (b) nicht gegen den Spruch des moralischen Gewissens gehandelt wird,

d1 – wenn er über menschliche Zuwendung Menschen im Unternehmenssinne motiviert,

e1 – wenn er (a) grundsätzlich die Anwendung von Gewalt verweigert *und* (b) dennoch seine Führungsaufgaben realisiert (+).

f1 – wenn die Gewaltanwendung zwar nicht legitim ist, aber (a) vorübergehend erfolgt *und* (b) den Nutzen der Mitarbeiter zum Ziel hat,

g1 – wenn die Gewaltanwendung zwar nicht akzeptiert wird, aber . . . wie (f1).

> Folgen zwei oder mehrere Bedingungen aufeinander, ohne daß ihnen eine Alternative zugeordnet werden kann, ist es möglich, sie als Und-Kette zusammenzufassen. In unserem Beispiel gilt das für die Bedingungen h – i – j.

Der Hauptstamm könnte also etwa durch folgende Nebenstämme ersetzt werden: a1–b1–c1–d1–e1 oder a1 – b – c1 – d – e – f1 – g1 – h(i,j). Beim ersten Weg ist zu beachten, daß e1 unmittelbar zu einem +-Blatt führt.

Fragen wir uns wieder, ob die substituierten Bedingungen (a) die Bedeutung der These und (b) die der vorhergehenden Bedingungen verändern. Ist etwa die Art des Vermeidens von Entmenschlichung beim Gewaltausübenden dieselbe, wenn er (a) (= seine Autonomie gegenüber Zwangsinstanzen bewahrt) oder a1 (sich seiner Heteronomie bewußt ist und sich so seine Kritikfähigkeit gegenüber den Zwangsinstanzen bewahrt? Vermutlich wird man die Frage verneinen müssen. Ein selbstgesteuerter [autonomer] Mensch wird sehr viel anders der Gefahr der Entmenschlichung entgehen, als ein wenn schon kritisch, so doch fremdgesteuerter [heteronomer]). Der Grund ist vergleichsweise einfach auszumachen: Ein automomer Mensch wird sehr viel anders informierende Inputs verarbeiten als ein heteronomer; er wird auch sehr viel anders seine soziale Umwelt aufbauen und mit ihr umgehen als ein kritisch-heteronomer Mensch.

Auch wird die Autonomiebedingung (a) eine sehr verschiedene Bedeutung haben, wenn er grundsätzlich niemals gegen den Spruch seines sittlichen Gewissens handelt (c) oder sein sittliches Gewissen niemals richtig ausgebildet wurde und er nur seinem moralischen Gewissen folgt. Im ersten Fall ist er ein ethisch-autonomer, im zweiten ein ethisch-heteronomer Mensch. Diese Differenz ist für die Bestimmung des »Autonom« keineswegs unerheblich.

Auch hier wird wieder deutlich, daß die Substitution von Bedingungen die Bedeutung der Bedingungen des Hauptstamms erheblich affizieren kann.

IV. Kapitel

Das Herstellen von Konsens oder das Lösen von Problemen über Begründungen

In diesem Kapitel sollen zwei dialektische Probleme abgehandelt werden:

○ Wie kann *Konsens* über Begründungen hergestellt werden?

○ Wie kann überprüft werden, ob die *problemlösende Analyse* nach Fahnen- und Baumkonstruktion zureichend vollständig ist?

Die Methode, über *Begründungen* Konsens herzustellen oder ein Problem zu lösen, ist logisch etwas anspruchsvoller als die über Bedingungen. Wir haben deshalb im Anhang die Grundzüge der aristotelischen Argumentationslogik (mit Übungen) zusammengestellt. Dem Leser, der sich noch niemals mit argumentationslogischen Fragen beschäftigte, wird empfohlen, zunächst das entsprechende Kapitel des Anhangs durchzuarbeiten. Auf die Beherrschung der Argumentationslogik kann aus wenigstens drei Gründen im dialektischen Diskurs nicht verzichtet werden.

○ Die weitaus meisten Menschen argumentieren (auch im Diskurs) zweistufig. Sie nennen ein Faktum und folgern aus diesem ein weiteres. Eine solche Argumentation nennen wir unvollständig. Um die Qualität eines Arguments prüfen zu können, ist es unverzichtbar, die stillschweigend als geltend vorausgesetzte Prämisse zu bilden und zu prüfen, ob sie Gültigkeit besitzt. Nur *dreistufige* Argumente sind sinnvoll überprüfbar. Also müssen zweistufige Argumente dreistufig (durch Ergänzung der fehlenden Prämisse) gemacht werden.

○ Es gilt zu berücksichtigen, daß die meisten Menschen begründend (und nicht bedingend) argumentieren und daß die Umformung von Begründungen in Bedingungen, wie es die bislang vermittelten Techniken voraussetzen, mitunter dem Anliegen des Argumentierenden nicht gerecht wird.

○ Außerdem ist zu beachten, daß in der Regel die Konstruktion von Fahnen und Bäumen nur einen der beiden Termini einer These analysiert und auf Konsensfähigkeit hin ergänzt, während der andere ungeprüft bleibt. So wird etwa die Prüfung der These »Tierversuche sind in der pharmazeutischen Industrie nur dann erlaubt, wenn . . .« nicht selten dazu führen, daß von den Termini »Tierversuche« und »pharmazeutische Industrie« nur das Subjekt (»Tierversuche, die folgende Bedingungen erfüllen . . .«), nicht aber das Objekt (»pharmazeutische Industrie, die folgende Bedingungen erfüllt . . .«) erreicht wird. Die Methode der Problemlösung (oder Konsensbildung) über Begründungen vermeidet solche Verkürzungen, und sie erlaubt die Beantwortung der Frage, ob bei der Fahnen- und Baumbildung eine solche Verkürzung stattgefunden hat sowie eine Korrektur der Unterlassung.

Der Argumentationslogik von Aristoteles lag ebendas Problem zugrunde, das wir eingangs schon erwähnten: Die meisten Menschen argumentieren so, daß sie einen Faktensatz nennen und daraus eine logische Folgerung ziehen (einen Schlußsatz bilden). Aristoteles erkannte, daß eine solche Argumentation problematisch ist, denn eine vollständige Argumentation besteht in aller Regel aus drei (nicht aus zwei!) Schritten, wie ein Faktum nur etwas beweisen kann, das über die Feststellung des Faktums hinausgeht, wenn es richtig interpretiert wird. Richtig interpretiert aber werde es nur, wenn das Interpretationsprinzip mit angegeben werde.

So könnte man etwa folgern:

(a) Konsumgüterwerbung manipuliert, *weil* sie eine Scheinwelt vorgaukelt.

(b) Kooperatives Führen ist abzulehnen, *weil* es sehr zeitaufwendig ist.

(c) Ethische Aspekte haben in ökonomischen Entscheidungen nichts zu suchen, weil sie ökonomisch nichtrational sind.

Welche stillschweigenden Voraussetzungen setzen diese begründeten Aussagen als geltend voraus?

(a) Alles, was eine Scheinwelt vorgaukelt, manipuliert.

(b) Alles, was sehr zeitaufwendig ist, ist abzulehnen.

(c) Alles, was ökonomisch nichtrational ist, hat in ökonomischen Entscheidungen nichts zu suchen.

Die entsprechenden *vollständigen Argumente* lauten also:

(a) Alles, was eine Scheinwelt vorgaukelt, manipuliert.
Konsumgüterwerbung gaukelt eine Scheinwelt vor.
Also: Konsumgüterwerbung manipuliert.

(b) Alles, was sehr zeitaufwendig ist, ist abzulehnen.
Kooperatives Führen ist sehr zeitaufwendig.
Also: Kooperatives Führen ist abzulehnen.

(c) Alles, was ökonomisch nichtrational ist, hat in ökonomischen Entscheidungen nichts zu suchen.
Ethische Überlegungen sind ökonomisch nichtrational.
Also: Ethische Überlegungen haben in ökonomischen Entscheidungen nichts zu suchen.

Alle drei stillschweigenden Voraussetzungen, die wir als »Prinzipiensätze« in die Argumentation eingeführt haben, sind offensichtlich falsch:

(a) Träume gaukeln eine Scheinwelt vor, ohne zu manipulieren.

(b) Kindererziehung ist sehr zeitaufwendig, keineswegs aber abzulehnen.

(c) Da die meisten ökonomischen Entscheidungen unter Unsicherheit getroffen werden, muß ein Entscheidungskriterium eingeführt werden, in dem sich nichtrationale Erwartungen und Erfahrungen verdichten.

Das schließt nicht aus, daß auch der eine oder andere Faktensatz inhaltlich falsch ist. *Logisch* sind unsere Dreisatzschlüsse – mittels deren wir die unvollständigen Begründungen vollständig machten – *richtig*. Einen logisch richtigen Schluß nennen wir *Syllogismus* (einen logischen Fehlschluß *Paralogismus).*

Wir sagen, ein Satz, der mit einem Weil-Satz begründet wird, ist *unvollständig begründet.* Zu einer *vollständigen Begründung* gehört unverzichtbar, daß auch die prinzipielle Voraussetzung (der »Prinzipiensatz«) *ausdrücklich* genannt wird, weil anderenfalls die tatsächliche Tragfähigkeit des Arguments nicht geprüft werden kann. Im Diskurs ist es aber unverzichtbar festzustellen, was das eigene und ein fremdes Argument wert sind. Die *Argumentationslogik* muß also beherrscht werden, anderenfalls würden, wie leider so oft bei Veranstaltungen, deren primäres Ziel es ist, Informationen sachgerecht zu verarbeiten, die Qualität der Argumente bestimmt von den Vorurteilen der Teilnehmer. Ein solches Vorgehen degradiert eine Konferenz zu einer Zusammenkunft zur Pflege eines mehr oder minder gehobenen Small talks.

Diese kurze Darstellung in die erste von der Argumentationslogik zu erfüllende Aufgabe sollte Sie motivieren, das Kapitel »Eine Einführung in die Argumentationslogik« im Anhang gründlich zu studieren. Der Reflexionsstand der Logik, wie er vor 2300 Jahren von griechischen Schulbuben beherrscht wurde, sollte Ihnen kein Buch mit sieben Siegeln bleiben. Wir setzen im folgenden die Symbolik der Argumentationslogik als bekannt voraus.

Nun sollen die beiden weiteren Funktionen der Argumentationslogik bedacht werden, denn auch sie sind für den beherrschten dialektischen Diskurs unverzichtbar. Zudem führen wir im folgenden die Problemlösungstechnik weiter aus. Will man nur einen Konsens herstellen, kann man unmittelbar mit einer Begründungsfahne beginnen, ohne sie aus einer arborisierten Vielzahl von Bedingungsfahnen herzuleiten. Dennoch ist auch in diesem Fall eine Listung von Bedingungen zu empfehlen, weil sie für das Auffinden der Ergänzungen von S (oder seltener auch P) sehr hilfreich ist. Auf die Arborisierung kann jedoch verzichtet werden.

Die hier vorgestellte Methode wurde im Rahmen der mittelalterlichen Dialektik entwickelt. Die zukünftigen Studenten aller Fachbereiche lernten in dieser Zeit, über diese Technik sowohl die Argumentation des Gegners zu problematisieren als auch Konsens herzustellen.

1. Beispiel

1. Schritt: Konstruktion einer Begründungsfahne

Im Gegensatz zu der im 1. Kapitel vorgestellten Technik, in der wir *Bedingungen* auflisteten, sollen hier Begründungen gesammelt werden. Beginnen wir hier mit dem ersten Beispiel des 1. Kapitels (Tierexperimente in der Pharmaindustrie). Wir wollen die dort vorgestellte Bedingungsfahne in eine Begründungsfahne überführen. Dabei werden wir alle Bedingungen streichen, die nicht in Begründungen transformierbar sind:

Tierexperimente *ja, nur dann, wenn* . . .
> so die Überprüfung der Wirkungen am menschlichen Organismus ersetzt werden kann,
> die zu entwickelnden Medikamente lebenswichtig sind,
> die Tierversuche auf ein Minimum eingeschränkt werden,
> kein Tier vermeidbare Schmerzen erleidet oder erleiden könnte,
> keine »Fangtiere« eingesetzt werden,
> keine Medikamente mit ähnlicher Wirkung schon auf dem Markt sind.

Selbstverständlich wird man in der Praxis den Weg über eine Bedingungsfahne nur dann gehen, wenn eine vollständige dialektische Analyse eines Problems angestrebt wird. Eine solche Übertragung entfällt in der Praxis, wenn schon Begründungen vorgetragen werden können *und* Konsens über Begründungen hergestellt werden soll. Transformiert sieht die Begründungsfahne dann so aus:

Tierexperimente sind ethisch vertretbar, *weil* . . .
> so Überprüfungen am menschlichen Organismus vermindert werden können,
> nur so neue lebenserhaltende Medikamente entwickelt werden können.

Das Beispiel macht deutlich, daß sich keineswegs alle Bedingungen zur Umformung in Begründungen in gleicher Weise eignen. Ebenfalls stellt eine Begründungsfahne keinerlei Anspruch auf Vollständigkeit, denn sie addiert nur Begründungen und sonst nichts. Die Konstruktion einer Begründungsfahne – ohne die beiden in den vorhergehenden Kapiteln ausgeführten Techniken zu verwenden (Fahnenbildung und Arborisierung) – ist also in keiner Weise geeignet, Probleme zu lösen. Ihre Funktion ist es vielmehr, Konsens herbeizuführen und Material für die Konstruktion von Syllogismen bereitzustellen.

2. Schritt: Die Konstruktion eines Basissyllogismus

»Basissyllogismus« bezeichnet hier einen Schluß, der, rein formal gebildet, in der Regel noch nicht konsensfähig ist. Er soll erst durch die Ergänzung der Termini (Subjekt, Prädikat, Medium) respektive die »Unterscheidung« der Prämissen konsensfähig gemacht werden.

Der zu prüfende Syllogismus wird wie folgt konstruiert:

(a) Die zu beweisende These (oder die These, über die Konsens erreicht werden soll) steht im Schlußsatz.

(b) Ein Begründungsgedanke (zunächst in Weil-Form vorgestellt) wird zur Prämisse umgebildet.

(c) Die fehlende Prämisse wird rekonstruiert.

Wir wollen jetzt unser Beispiel zu der Problematik »Tierversuche ja oder nein?« weiterverfolgen und die beiden sich aus der Begründungsfahne ergebenden Basissyllogismen konstruieren. Sie lauten:

(a) Alles, was die Anzahl der Experimente mit dem menschlichen Organismus mindert, ist ethisch vertretbar.

Tierversuche verringern die Anzahl der Experimente mit dem menschlichen Organismus.

Also: Sie sind ethisch vertretbar.

(1. Figur aii oder aaa.)

(b) Alles, was zur Entwicklung lebenserhaltender Medikamente wichtig ist, ist ethisch vertretbar.

Tierexperimente sind für die Entwicklung lebenserhaltender Medikamente wichtig.

Also sind sie ethisch vertretbar.

(1. Figur aii oder aaa.)

3. Schritt: Ergänzung der Begriffe

Wir beginnen, durch geeignete Ergänzungen von M, P und S die Syllogismen konsensfähig zu machen. Dabei empfiehlt es sich, mit der Prämisse zu beginnen, die M als Subjekt hat. Das ist in der ersten Figur der Prinzipiensatz.

Die erste Prämisse lautet (verkürzt): Zahl der Menschenversuche wird vermindert → Sie sind ethisch vertretbar.

Die erste Frage lautet: Muß M (Menschenversuche werden vermindert) modifiziert werden, damit die Prämisse konsensfähig ist? Wenn ja, wie?

Hier wäre an folgende Ergänzungen zu denken: Die Verringerung der Zahl der Menschenversuche muß folgende Eigenschaften haben, um ethisch vertretbar zu sein:

○ Sie darf keine Patienten, die außerhalb der Erprobungsphase mit dem Medikament behandelt werden sollen, zusätzlich gefährden.

○ Sie darf nicht das vom Gesetzgeber vorgeschriebene Maß unterschreiten.

○ Sie darf nicht Patienten betreffen, die, zureichend aufgeklärt und im Rahmen des *lege artis* Verantwortbaren, mit dem in Erprobung befindlichen Medikament behandelt werden wollen.

Die zweite Frage lautet: Wie muß das Prädikat (»ethisch vertretbar«) modifiziert werden, damit die Prämisse konsensfähig wird? Hier könnte man etwa folgende Bedingungen nennen:

○ wenn der Handlung eine verantwortet übernommene Ethik-Theorie zugrunde liegt

○ und sie mit dem Gewissen des Handelnden verträglich ist.

Insoweit die Ergänzungen des Mittelbegriffs grundsätzlich als Ausfaltungen der Ergänzungen des Prädikats verstanden werden können, empfiehlt es sich, sie hier zu wiederholen. Die Ergänzungen zu der Aussage »ethisch vertretbar« würden dieses also zugleich entfalten:

○ wenn so eine Gefahr für Patienten außerhalb der Erprobungszeit nicht vergrößert wird,

○ wenn der Gesetzgeber nichts anderes fordert,

○ wenn das in Erprobung befindliche Medikament nicht von einem aufgeklärten Patienten verlangt wird und die Verabreichung ärztlich verantwortet werden kann.

Die dritte Frage lautet: Wie muß im Faktensatz das Subjekt (»Tierversuche«) modifiziert werden, damit es (mit dem erweiterten Medium) konsensfähig wird?

Hier erkennen wir leicht, daß die Tierversuche genau die Eigenschaften haben müssen, die wir in der Fahne aufgezählt haben:

○ Sie müssen Versuche am menschlichen Organismus mindern.

○ Sie müssen im Kontext der Entwicklung lebenserhaltender Medikamente stehen.

○ Sie müssen so gering wie möglich gehalten werden.

○ Sie dürfen Tieren keine unnötigen Schmerzen zufügen.

○ Es darf sich nicht um Fangtiere handeln.

○ Es muß sich um neue Wirkstoffe handeln.

Wir erkennen, daß im Regelfall die Bedingungsfahne nur einen Begriff (meist das Subjekt) im Sinne der Begründungsdialektik erreicht. Das aber bedeutet, daß im Regelfall die Fahnen-(und-Baum-)Bildungen nicht ausreichen, um ein Problem (im dialektischen Sinne) vollständig zu lösen.

4. Schritt: Formulieren des Schlußsatzes

Unsere Herleitung erlaubt es uns, jetzt als konsensfähigen Satz zu formulieren:

Tierversuche, die

(a) Experimente am menschlichen Organismus verringern,

(b) der Entwicklung lebenserhaltender Medikamente dienen,

(c) möglichst gering gehalten werden,

(d) Schmerzen der Tiere tunlichst vermeiden,

(e) nicht mit Fangtieren unternommen werden,

(f) nicht der Entwicklung schon vorhandener Wirkstoffe dienen,

sind ethisch vertretbar, wenn aufgrund einer verantwortet entwikkelten Ethik-Theorie und vor dem Anspruch des sittlichen Gewissens des Handelnden ausgeschlossen wird,

(a) daß die Versuche nicht notwendig sind, um die Gefahren für Patienten, denen nach der Erprobungsphase das Medikament verabreicht wird, zu mindern,

(b) daß sie nicht das vom Gesetzgeber geforderte Maß überschreiten,

(c) daß aufgeklärte Patienten, die das Medikament verlangen, es nicht erhalten, obschon seine Verabreichung vertretbar wäre.

Nun können wir den gleichen »Mechanismus« im Zusammenhang unserer zweiten Begründung (»weil sie für die Entwicklung lebenserhaltender Medikamente unverzichtbar sind«) anwenden. Dabei ergäben sich möglicherweise für die Ergänzung des P weitere Elemente. Da wir kein Problem lösen, sondern eine Technik vorstellen wollen, ist eine solche Beschränkung wohl angemessen.

Es wird jedoch deutlich, daß die Ergänzung der Fahnen- und Baumtechnik durch die syllogistische unvermeidlich ist, wenn man ein Problem tatsächlich vollständig analysieren will.

166

> Fassen wir noch einmal die Schritte zusammen, die bei der argumentationslogischen Methode, Konsens zu erreichen oder Probleme zu lösen, zu vollziehen sind:
> 1. Sammeln von Begründungen.
> 2. Konstruktion eines Basissyllogismus mit dem wichtigsten Begründungsgedanken als M. (Im Fall einer vollständigen dialektischen Problemlösung sind im Prinzip alle Begründungen so zu behandeln.)
> 3. Ergänzung der Begriffe des Prinzipiensatzes, so daß er konsensfähig wird. Ergänzung des Faktensatzes bei Übernahme des ergänzten M des Prinzipiensatzes, so daß er konsensfähig wird.
> 4. Konstruktion des Schlußsatzes mit dem ergänzten S und P.

2. Beispiel

Angewendet auf unsere Frage: »Wann ist ein kapitalistisches Wirtschaftssystem (formal) gerecht?«, läßt sich so ein Konsens finden.

1. Schritt: Sammeln von Begründungen
Es liegt nahe, die Begründungen wieder aus der Bedingungsfahne zu erheben. Sie hatte folgendes Aussehen:

These: Ein kapitalistisches Wirtschaftssystem ist *nur dann* (formal) gerecht, *wenn* . . .
es Gesetzesgerechtigkeit (es werden Rechte zuteilt, die durch Gesetze festgelegt sind) verteidigt und übt,
es Vertragsgerechtigkeit (es werden Rechte zuteilt, die durch Verträge erworben wurden) verteidigt und übt,
es Verteilungsgerechtigkeit (es werden verteilbare Güter angemessen verteilt) verteidigt und übt,
es Grundgerechtigkeit (es werden Menschenrechte zuerkannt und in ihrer Ausübung nicht unzulässig behindert) verteidigt und übt,

soziale und ökonomische Ungleichheiten allen, vor allem aber den ökonomisch und sozial Schwachen, nutzen.

Die Begründungsfahne könnte dann etwa so aussehen:

Ein kapitalistisches System → formal gerecht, weil . . .
    es Gerechtigkeit übt und verteidigt,
    die vorhandenen Ungleichheiten auch den Schwachen nutzen.
Anmerkung: Der (→) symbolisiert eine positive Korrelation. Wir verzichten also darauf, gesetzesartige Aussagen (Thesen, Behauptungen) zu analysieren, sondern beschränken uns auf Regelaussagen (die durchaus Ausnahmen zulassen).

2. *Schritt: Konstruktion eines Basissyllogismus*
Ein soziales System, das Gerechtigkeit übt und verteidigt → formal gerecht.
    Ein kapitalistisches Wirtschaftssystem → übt und verteidigt Gerechtigkeit.
    Ein kapitalistisches Wirtschaftssystem → formal gerecht.

3. *Schritt: Ergänzung der Grundbegriffe*
(a) Im Prinzipiensatz:
Ein soziales System, das Gerechtigkeit übt und verteidigt,
  O indem es Grundrechte nicht verletzt,
  O Friede und Freiheit nach innen und außen schützt,
  O seine subsidiären Verpflichtungen erfüllt,
    → formal gerecht.
(b) Im Faktensatz:
Ein kapitalistisches Wirtschaftssystem, das die Bedingungen der Fahne erfüllt, → übt und verteidigt Gerechtigkeit.

4. *Schritt: Konstruktion des Schlußsatzes*
Ein kapitalistisches Wirtschaftssystem, das die Bedingungen der Fahne erfüllt, ist formell gerecht, wenn es (a) Grundrechte nicht verletzt, (b) Friede und Freiheit nach innen und außen schützt und (c) seinen subsidiären Verpflichtungen nachkommt.

3. Beispiel

Soll die Geschwindigkeit von nicht abgasentgifteten PKWs auf den Bundesautobahnen beschränkt werden?

1. Schritt: Sammeln von Begründungen
Wieder gehen wir von der im I. Kapitel konstruierten Bedingungsfahne aus, die wir jedoch hier nicht noch einmal abdrucken.

These: Eine Geschwindigkeitsbegrenzung von nicht abgasentgifteten Autos auf den Autobahnen soll eingeführt werden, *weil* . . .
   sie zu einer Entlastung der Umwelt führt,
   sie die Einführung von entgifteten Autos fördert.

2. Schritt: Konstruktion eines Basissyllogismus
Was die Umwelt entlastet → soll eingeführt werden.
   Geschwindigkeitsbegrenzung → entlastet.
   Geschwindigkeitsbegrenzung → soll eingeführt werden.
   Ergänzung des Faktensatzes: Geschwindigkeitsbeschränkung, die die Bedingung der Fahne erfüllt, entlastet die Umwelt.

4. Schritt: Konstruktion des Schlußsatzes
Eine Geschwindigkeitsbeschränkung, die die Fahnenbedingungen erfüllt, soll eingeführt werden, wenn sie
○ die Lebensqualität nicht nachhaltig mindert,
○ Grundrechte nicht beschränkt,
○ ökonomisch und politisch durchsetzbar ist,
○ es von der Mehrheit der Bevölkerung gewollt und
○ der Erfolg zureichend sicher ist.

4. Beispiel

Wann ist ein faschistischer Staat stabil?

1. Schritt: Sammeln von Begründungen
Auch jetzt entnehmen wir unserer Bedingungsfahne einige Elemente und formulieren sie als Begründungen:

These: Ein faschistischer Staat ist stabil, *weil* . . .
  keine attraktive Alternative zur Verfügung steht,
  eine starke Militärmacht die Stabilität sichert,
  sein Sturz den Bestand des Staates gefährden könnte.

2. Schritt: Konstruktion eines Basissyllogismus
Ein soziales System ohne attraktive Alternative → stabil.
  Ein faschistischer Staat → ohne attraktive Alternative.
  Ein faschistischer Staat → stabil.

3. Schritt: Ergänzung der Begriffe
(a) Im Prinzipiensatz:
Ein soziales System ohne attraktive Alternative ist,
wenn (hier die Bedingungen der Fahne) . . .

  eine starke äußere Macht die Stabilität sichert,
  eine starke Gruppe die Stabilität sichert,
  sehr viele Menschen seine Strukturen internalisierten,
  eine Ablösung zur physischen oder sozialen oder psychischen
  Vernichtung führen könnte − in jedem Fall aber eine Bedrohung
  der sozialen und/oder psychischen Stabilität bedeutet,
  → stabil.

(b) Im Faktensatz:
Ein faschistischer Staat, der
○ latent faschistisch ist und
○ die Grundrechte der meisten nicht beschränkt,
○ bei Menschen ein elitäres Bewußtsein erzeugt,
○ die Arbeitslosigkeit mindert,
○ den Mittelstand stützt und
○ nationale Emotionen befriedigt,
  → ist ohne attraktive Alternative.

4. Schritt: Konstruktion des Schlußsatzes
Ein faschistischer Staat, der . . ., wenn . . .
  Sie können jetzt sicher selbst leicht die Ergänzungen eintragen.
Anzumerken ist, daß in diesem Fall die Bedingungsfahne P er-

gänzte, während die syllogistische Entfaltung zu einer Analyse von S führte. Mit diesem Ergebnis sollten Sie rechnen, wenn die Fahne hinreichende (statt notwendiger Bedingungen) enthält.

5. Beispiel

Wann korrelieren Unternehmenserfolg und Dezentralisierung positiv?

1. Schritt: Auflistungen von Begründungen
Wieder orientieren wir uns an der Bedingungsfahne.

These: Der Unternehmenserfolg korreliert positiv mit Dezentralisierung, *weil* . . .
 die Arbeitsproduktivität steigt,
 der Wettbewerb zwischen den Teilunternehmen das Management zu besseren Leistungen zwingt.

2. Schritt: Konstruktion eines Basissyllogismus
Arbeitsproduktivität → Unternehmenserfolg
Dezentralisierung   → Arbeitsproduktivität
Dezentralisierung   → Unternehmenserfolg

3. Schritt: Ergänzung der Begriffe
(a) Des Prinzipiensatzes:
Arbeitsproduktivität, die
○ nicht durch innere Reibungsverluste erkauft wird,
○ Mitarbeiter nicht überfordert,
○ zu Arbeitsprodukten führt, die − *ceteris paribus* − einen überdurchschnittlichen Marktwert haben
 → Unternehmenserfolg,
○ langfristig und anhaltend,
○ bei sorgfältiger Ausnutzung der Ressourcen
○ bei gutem Management,
○ bei zweckmäßigem Kapitaleinsatz.

(b) Des Faktensatzes:

Dezentralisierung, die

○ zur Erwirtschaftung einer langfristig höheren Kapitalrendite führt,

○ die höheren Gemeinkosten durch erhöhte Erträge wenigstens kompensiert,

○ zwischen den dezentralisierten Stellen mit gleichen Funktionen keinen destruktiven Wettbewerb stattfinden läßt,

○ keine Arbeitsplätze vernichtet,

○ das personale Leben der Mitarbeiter nicht mindert,

○ die makroökonomische Wettbewerbssituation nicht verschlechtert,

→ verbesserte Arbeitsproduktivität.

4. Schritt: Konstruktion des Schlußsatzes

Dezentralisierung, die

zu einer Erwirtschaftung einer langfristig höheren Kapitalrendite führt,

die höheren Gemeinkosten durch erhöhte Erträge wenigstens kompensiert,

zwischen den dezentralisierten Stellen mit gleichen Funktionen keinen destruktiven Wettbewerb stattfinden läßt,

keine Arbeitsplätze vernichtet,

das personale Leben der Mitarbeiter nicht mindert,

die makroökonomische Wettbewerbssituation nicht verschlechtert,

→ verbesserter Unternehmenserfolg,

○ langfristig und anhaltend,

○ bei sorgfältiger Ausnutzung der Ressourcen

○ bei gutem Management,

○ bei zweckmäßigem Kapitaleinsatz,

wenn die Arbeitsproduktivität

○ nicht durch innere Reibungsverluste erkauft wird,

○ Mitarbeiter nicht überfordert,

○ zu Arbeitsprodukten führt, die – *ceteris paribus* – einen überdurchschnittlichen Marktwert haben.

6. Beispiel

In diesem und im folgenden Beispiel wollen wir eine vollständige dialektische Problemanalyse vorstellen.

Problem
Relativ viele junge Außendienstmitarbeiter verlassen das Unternehmen, in dem sie eine qualitativ gute (über dem Branchendurchschnitt liegende) Ausbildung erfahren haben, und wechseln zu einem Wettbewerber.

Zunächst wird eine Fahne konstruiert:

Die Fluktuationsrate der Mitarbeiter nach dem Ausbildungsabschluß sinkt *nur dann, wenn* . . .
  die Zukunftsperspektiven und die Erwartung einer guten Entlohnung wenigstens denen entsprechen, die auch die Wettbewerber bieten (h),
  die Kollegen den Betreffenden menschlich und fachlich akzeptieren, so daß sich der Betreffende am Arbeitsplatz wohl fühlt (g),
  ein Ende der existentiellen Abhängigkeit einer wesentlich erfolgsabhängigen Entlohnung (im Außendienst) abzusehen ist (f),
  eine Identifikation mit dem Unternehmen und seinen Weisen des Miteinanderumgehens, seinen Wert- und Zielvorstellungen erfolgt (e),
  die Personalplanung die Ausbildung am voraussichtlichen Bedarf orientiert (d),
  die Veränderungen in der Bedürfnisstruktur junger Menschen vom Unternehmen zureichend berücksichtigt werden (geringere Mobilität, geminderte Frustrationstoleranz und vermehrte Scheu, ein persönliches Risiko einzugehen) (c),
  ein positives Verhältnis zum unmittelbaren Vorgesetzten entwickelt wird (b),
  die Ausbildung im Rahmen eines umfassenden Ausbildungsprogramms verstanden wird (a).

Die Begriffe sind zureichend eindeutig, so daß auf eine Definition verzichtet werden kann.

Als nützlich wurden die Erfüllung der Bedingungen a, c, und d angenommen, die der übrigen Bedingungen scheinen notwendig zu sein.

Somit ist etwa folgender Baum zu konstruieren:

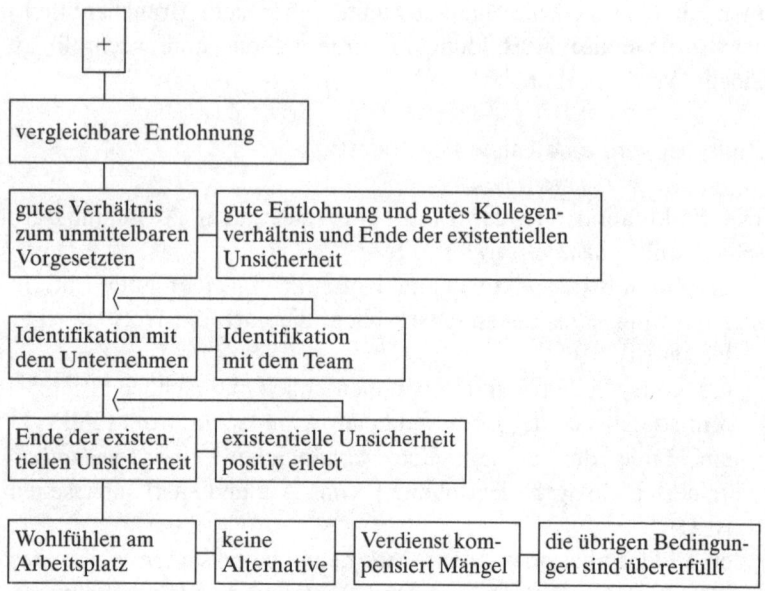

Jede Alternative zu »Wohlfühlen am Arbeitsplatz« ist für sich hinreichend, und sie könnte unverändert an jeden Knoten angebunden werden. Deshalb ist eine Rückbindung an eine andere Stelle des Baums unangebracht.

In einem dritten Schritt ist die *Erfüllbarkeit der Bedingungen* (beziehungsweise ihrer Substitute zu prüfen). In unserem Fall wurde nur ein Terminus geprüft (Fluktuation nach Abschluß der Lehre). Um einen Syllogismus zu konstruieren, muß dieser Begriff in bezug auf einen anderen behandelt werden. Hier bietet sich etwa »Veränderungen der Unternehmensstrukturen« an. Die Schlüsselfrage würde dann lauten: »Welche strukturellen Veränderungen im

Unternehmen sind zu fordern, damit die noch nicht erfüllten notwendigen Bedingungen erfüllbar gemacht werden?« Die syllogistisch zu prüfende These lautet also: »Strukturveränderungen korrelieren positiv mit sinkender Fluktuation.«

Um diese Frage zu beantworten, konstruieren wir einen entsprechenden Syllogismus und ergänzen diesen um die geeigneten Prämissen:

Wohlfühlen am Arbeitsplatz → sinkende Fluktuation
Strukturveränderungen   → Wohlfühlen am Arbeitsplatz

Strukturveränderungen   → sinkende Fluktuation

Da das P des Syllogismus schon zureichend in der Fahne entwickelt wurde, ist das S so zu ergänzen, daß die zweite Prämisse zustimmungsfähig wird.

Hier könnten etwa folgende Bedingungen genannt werden:

(1) Es dürfen keine nicht durch die Zielsetzung des Systems zwingend gerechtfertigten strukturellen Zwänge ausgeübt werden.

(2) Das Unternehmensimage muß gegebenenfalls nach innen und außen verbessert werden.

(3) Das Führen muß in Kommunikationsgemeinschaften geschehen (und nicht als Exekution systemischer Interessen durch Systemagenten).

(4) Die Mitarbeiter müssen in sie betreffenden personalen und sachlichen Fragen zureichend vollständig (auch über das Maß des vom BetrVG Geforderten hinaus) informiert werden.

(5) Das Unternehmen muß seinen Mitarbeitern das Gefühl der Berechenbarkeit, der Geborgenheit und der sozialen Sicherheit vermitteln.

(6) Zwischen Führenden und Geführten muß ein Vertrauensverhältnis die Regel sein (Mißtrauen darf also nicht strukturell vorgegeben werden).

Nun wäre mit anderen Knoteninhalten dasselbe Verfahren durchzuführen, weil nicht auszuschließen ist, daß neben den erhobenen sechs Bedingungen weitere notwendig sein können. Wir wollen hier darauf verzichten und kommen damit zu folgendem Ergebnis:

Eine Änderung der Unternehmensstrukturen, die die Bedingungen 1 bis 6 erfüllt, führt dann zur sinkenden Fluktuation, wenn die notwendigen Fahnenbedingungen erfüllt sind.

7. Beispiel

In einem Unternehmen, das mit einer Reihe von Zweigstellen arbeitet, stellt sich die Frage, ob eine zentrale Marketingabteilung eingerichtet werden soll.

Die zu prüfende These lautet: »Zentrales Marketing verbessert das Unternehmensergebnis.«

Die Fahne ist zu konstruieren:

Zentrales Marketing verbessert das Unternehmensergebnis *nur dann, wenn* . . .

die Marketingabteilung als Kommunikationsgemeinschaft arbeiten kann (geringe Gruppengrößen für die einzelnen Marketing-Funktionen und geringe Weisungsabhängigkeit vom Vorstand) (f),

keine zusätzlichen inneren Reibungsverluste den möglichen Zusatzertrag langfristig wieder aufzehren (e),

die zentrale Marketingabteilung mit zureichend kompetenten Personen ausgestattet ist (d),

das zentrale Marketing regionale Unterschiede berücksichtigt (c),

die Marktwahrnehmungen der Zweigstellen zureichend berücksichtigt werden (b),

das zentrale Marketing Organ eines fremdreferentiellen Systems ist (a).

Da sowohl in der Thesenbehauptung als auch in der Fahne uneindeutige Begriffe vorkommen, sind diese zunächst durch Definition zureichend eindeutig zu machen: *Marketing* bezeichnet eine unternehmerische Tätigkeit, deren Zweck es ist, eine vorhandene Nachfrage zu erhalten und neue Nachfrage zu schaffen. Dazu ist es notwendig, (a) den Markt und die (potentiellen) Verbraucherbedürfnisse zu erforschen, (b) Produkte zu planen, die Markt und

Bedürfnissen entsprechen, und (c) Strategien zu entwickeln, die es erlauben, den Strom von Waren und/oder Dienstleistungen dem Verbraucher bekannt und für die Käufer attraktiv zu machen, um so den Absatz zu sichern, zu fördern und zu lenken. Die Verschiedenartigkeit der Funktionen einer Marketingabteilung fordert also sehr verschiedene Begabungen ein, die nur selten gleichzeitig bei einem Menschen angetroffen werden. *Innere Reibungsverluste* bezeichnet einen (kalkulatorischen) Kostenfaktor (Interaktionskosten), der durch destruktive, die Unternehmensaktivitäten lähmende Spannungen innerhalb der inneren Umwelt zustande kommt. Man kann ihn etwa operationalisieren, indem man folgende Kostenfaktoren berücksichtigt: (a) Fluktuation, (b) überdurchschnittliche Krankenstände, (c) Ausschlußproduktion, (d) gegen das Unternehmensinteresse gerichteter Rückzug auf juristische Positionen.

Als nächstes ist die Qualität der Bedingungen zu überprüfen. Sie scheinen ausnahmslos notwendig zu sein. Jetzt können wir einen Baum konstruieren:

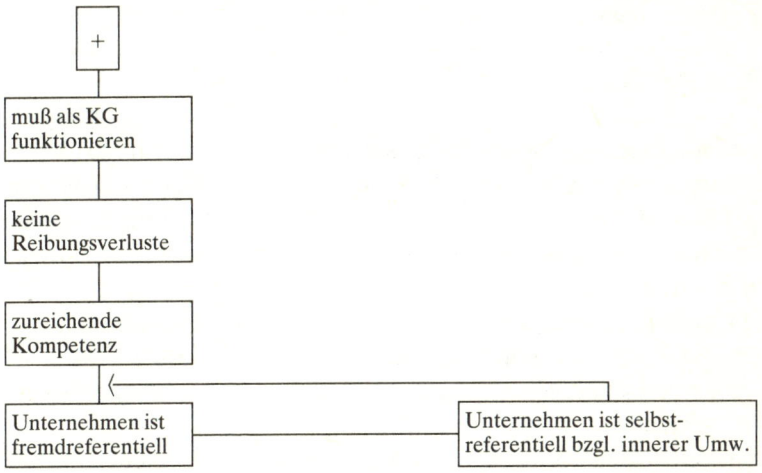

Offensichtlich ist also nur − *ceteris paribus* − die Bedingung der Fremdreferentialität partiell in bezug auf die innere Umwelt des Unternehmens zu substituieren. Ein Unternehmen kann also zunehmend reglementierend auf die in ihm Beschäftigten einwirken, wenn nur die anderen Bedingungen erfüllt sind, ohne durch die Einführung einer zentralen Marketingabteilung den Ertragsüberschuß zu mindern. Daraus folgt, daß die Fremdreferentialität des Unternehmens nur zu den *nützlichen* Bedingungen zählt.

Dabei haben wir stets stillschweigend vorausgesetzt, daß das Unternehmen auf einem Wettbewerbsmarkt tätig ist. Ist es Monopolist, wird eine zentrale Marketingabteilung auch ökonomisch sinnvoll sein können, wenn einige der genannten Bedingungen nicht erfüllt sind (so kann etwa die Marketingabteilung dazu dienen, Mitarbeiter zu beschäftigen, die sonst nur schwer, in jedem Fall aber kostenaufwendiger unterzubringen wären).

Endlich stellen wir wieder die Frage: Über welche strukturellen Muster und über welche strukturelle Dynamik muß das Unternehmen verfügen, damit die Bedingungen der Fahne erfüllbar sind? Dazu konstruieren wir einen Syllogismus:

Die Berücksichtigung regionaler Differenzen → besseres Betriebsergebnis
Zentrales Marketing → Berücksichtigung regionaler Differenzen

---

Zentrales Marketing → besseres Betriebsergebnis

Offensichtlich sind beide Prämissen ergänzungsbedürftig. Die erste ist nur konsensfähig, wenn auch die anderen Fahnenbedingungen erfüllt sind. Die zweite erfordert folgende Ergänzungen: Zentrales Marketing berücksichtigt nur dann zureichend regionale Differenzen, wenn:
(1) die Marktforschung vor Ort (in jeder Region) stattfindet,
(2) der Zentralisierungswille nicht zu stark ist,
(3) keine Entscheidungslähmung durch eventuelle einander widersprechende Interessen eintritt.
Eine analoge Analyse wäre auch für die übrigen Fahnenbedingungen und deren Substitute durchzuführen. Nach dem Stand des bislang Entwickelten ist zu sagen:
Eine zentrale Marketingabteilung, die die Bedingungen (1) bis (3) erfüllt, verbessert − *ceteris paribus* − den Unternehmenserfolg, wenn die Bedingungen der Fahne erfüllt sind.

Ein Wort zuletzt

In den drei Büchern
- »Philosophie für Manager«,
- »Ethik für Manager« und
- dem vorliegenden, »Kommunikation für Manager«,

versuche ich, Ihnen einen Weg zu zeigen, der in einer Zeit gründlicher Desorientierung eine Chance bietet, Menschlichkeit nicht nur aus Mitleid oder Sentimentalität, sondern in Verantwortung und in Achtung vor sozialen Systemen zu leben und praktisch zu machen. Das Unternehmen als soziales System spielt dabei eine besondere Rolle und bildet in meiner Betrachtung einen Schwerpunkt.

Die drei Titel bilden eine Einheit. Ihnen allen ist, auf den drei Ebenen Denken – Handeln – Kommunikation eines gemeinsam: Sie wollen das Anliegen Kants, »Habe Mut, dich deines eigenen Verstandes zu bedienen«, realisierbar machen. Sie verstehen sich als Appell, in einer Zeit, in der das Leben aus zweiter und dritter Hand die Regel wird, sich von inneren Zwängen zu emanzipieren und zu einem Menschen zu werden, der lebt (und nicht etwa gelebt wird).

SAPERE AUDE!

Anhang

In diesem Anhang sollen die logischen Voraussetzungen der Dialektik vorgestellt werden. Dabei werden vor allem im Bereich der Argumentationslogik einige Übungen vorgelegt. Der Leser wird dringend gebeten, sich diesen Übungen zu stellen.

Es werden in diesem Anhang folgende Themen behandelt:
1. Eine Einführung in die Logik der Bedingungssätze.
2. Eine Einführung in die Problematik der Logik von Regelbehauptungen.
3. Eine Einführung in die Lehre von den Gegensätzen.
4. Eine Einführung in die Logik von Argumenten.

1. Zur Logik von Bedingungssätzen

Eine Fahne besteht aus einer Mehrheit von Bedingungen. Um bei der Konstruktion einer Fahne keine Fehler zu machen, seien hier einige wenige Regeln der Logik der Bedingungen vorgestellt. Dabei beschränken wir uns auf die Darlegung des logischen Reflexionsstands des ausgehenden Mittelalters, der für unsere Zwecke ausreicht.

Zunächst sind drei Klassen von Bedingungen zu unterscheiden:

a. Notwendige Bedingungen (*conditio sine qua non*). Im Deutschen lassen sie sich formulieren durch *NUR DANN, WENN*. Für sie gilt folgende Matrix (wobei wir uns auf bejahende Bedingungen beschränken wollen):

nur wenn p,	nur wenn p,	nur wenn p,	nur wenn p,
dann q, nun p	dann q, nun	dann q, nun q	dann q, nun
. . .	nicht p	also p	nicht q
	also nicht q		. . .

» . . .« soll bedeuten: Es folgt nichts. Sie können sich die Gültigkeit der Matrix leicht an Beispielen veranschaulichen. Wählen Sie einen Satz, der eine notwendige Bedingung wiedergibt. Etwa: »Nur wenn A und B miteinander schlafen, bekommen sie ein Kind!« (Dabei ist p = A und B schlafen miteinander und q = sie bekommen ein Kind.)

    b. Hinreichende Bedingungen (*conditio per quam*). Im Deutschen lassen sie sich formulieren durch *IMMER DANN, WENN*. Für sie gilt folgende Matrix (bei Beschränkung auf bejahende Bedingungen):

immer wenn p,	immer wenn p,	immer wenn p,	immer wenn p,
dann q, nun p	dann q,	dann q, nun q	dann q,
also q	nun nicht p	also q	nun nicht q
	. . .	. . .	also nicht p

Auch in diesem Fall ist die Gültigkeit der Matrix leicht an einem Beispiel zu veranschaulichen. Wählen Sie einen Satz, der eine hinreichende Bedingung wiedergibt. Etwa: »Immer, wenn es regnet, ist die Straße naß.« (Dabei bedeutet p = es regnet und q = die Straße ist naß.)

    c. Notwendige und hinreichende Bedingungen. Im Deutschen lassen sie sich formulieren durch *GENAU DANN, WENN*. Für sie gilt folgende Matrix:

genau wenn p,	genau wenn p,	genau wenn p,	genau wenn p,
dann q, nun p	dann q,	dann q, nun q	dann q,
also q	nun nicht p	also p	nun nicht q
	also nicht q		also nicht p

Als veranschaulichendes Beispiel mag gelten: »Genau dann, wenn heute Sonntag ist, ist morgen Montag« (p = heute ist Sonntag, q = morgen ist Montag).

2. Eine Einführung in die Problematik der Logik von Regelbehauptungen

In den weitaus meisten Fällen haben wir es mit Aussagen zu tun, die nur unter Unsicherheit gelten. Die ihnen zugrunde liegende Erkenntnis kann vertäuscht und die auf ihr basierende Deutung des Erkannten irrig sein. Zudem ist zu beachten, daß in der Regel Aussagen, die über eine offene Menge von Sachverhalten (All-Aussagen etwa des Typs: »Alle sozialen Systeme, die alternativlos sind, sind stabil«, »Alle Wirbeltiere versorgen ihre Stoffwechselvorgänge über die Verwendung chemisch gebundenen Sauerstoffs«, »Alle Koalabären leben von Eukalyptusblättern«, »Es gibt höchstens vier Quark-Leptonen-Familien«) gelten, wegen ihrer Unentscheidbarkeit nur als Regeln (etwa in Form von »Naturgesetzen«) formuliert werden können, durchaus Ausnahmen zulassen. Entsprechendes gilt auch für Aussagen, die über einen empirischen Sachverhalt handelnd, eine leere Menge zum Subjekt haben (»Kein-Aussagen« etwa des Typs »Kein Mensch ist größer als drei Meter« [die Menge aller Menschen, die größer sind als drei Meter, ist leer]). *Die Regellogik bezieht sich also auf Aussagen, die eine Regel feststellen.*

Sorglichst ist jedoch darauf zu achten, daß es sich dabei nicht um eine Definition oder eine analytische Aussage handelt. In beiden Fällen ist die Regellogik nicht anzuwenden, weil eine Definition eine bestimmte Eigenschaft für eine bestimmte Sachverhaltklasse so festlegen kann, daß Ausnahmen (kraft Definition) ausgeschlossen werden. So kann die Definition »Alle Säuger sind lebendgebärende Warmblüter« deshalb allgemeingültig sein, weil sie es erlaubt, alle Lebewesen, die diese Definition nicht erfüllen (wie etwa Schnabeltiere), als Nichtsäuger zu behandeln. Ebenfalls kann eine Begriffsanalyse, indem sie über Entscheidungsprozesse, die ähnlich willkürlich sind wie die bei Definitionen ablaufenden, festlegen, welche semantischen Merkmale in einem Begriff enthalten sein müssen, um ihn in einem bestimmten Sprachspiel zu verwenden.

Die frühe Regellogik versuchte, über einen Wahrscheinlichkeitskalkül dem Problem beizukommen. Diesem Versuch lag die Annahme zugrunde, eine Regel gelte mit einer angebbaren Wahrscheinlichkeit, die durchaus Ausnahmen zulasse, obschon sie die Mehrheit der im Subjekt des Satzes bezeichneten Sachverhalte betreffe. Nun wurden einige Gegenbeispiele so erfolgreich vorgebracht, daß viele Sprachlogiker diese einleuchtende Methode aufgaben. Ein solches Gegenbeispiel war etwa die Aussage: »Ameisen legen Eier.« Die Aussage ist sprachlogisch richtig und sinnvoll. Und das, obschon die weitaus meisten Ameisen nie in ihrem Leben Eier legen, sondern nur die »Königinnen«. Also handelt es sich bei der vorgegebenen Aussage um eine Regelaussage, die nicht über Wahrscheinlichkeitsüberlegungen gerechtfertigt werden kann.

Wegen ihres sprachlogischen Purismus, der nicht zuließ, die Aussage über Ameisen als nur verkürzt zutreffend zu behaupten (so kann man etwa argumentieren, die *Bedeutung* des genannten Satzes sei: »Ameisenköniginnen legen Eier, und auf diese Weise werden alle Ameisen in die Welt gesetzt«), entwickelten moderne Vertreter der Regellogik die Logik der »Default-Regeln«. Sie führt zur Konstruktion einer nichtmonotonen Logik. Es kann hier nicht darum gehen, diese Regeln ausführlich abzuhandeln. Ein Beispiel mag genügen: Wenn A gilt, hat es in der Regel die Eigenschaft B. Es gilt dann die sprachlogische Regel: Wenn bekannt ist, daß C das Merkmal A hat, und wenn nicht bekannt ist, daß C das Merkmal B nicht hat, dann kann man auf das Zutreffen von B schließen.«

Gilt etwa die Regel: »Alle Menschen, die zwanzig Jahre lang täglich mehr als zwanzig Zigaretten rauchen, sind krank«, gilt »Wenn von C bekannt ist, daß er mehr als zwanzig Jahre lang täglich mehr als zwanzig Zigaretten rauchte (A), nicht aber bekannt ist, daß er krank ist (B), kann man sprachlogisch legitim darauf schließen, daß C krank ist (also B zutrifft).«

Solche Schlußfolgerungen können rückgängig gemacht werden, wenn sich herausstellt, daß entweder die Regel (wenn A, dann B) nicht gilt oder die Annahme über das Zutreffen von A auf Irrtum oder Täuschung beruhte. Offensichtlich sind Fälle denkbar, in denen die Regeln einer nichtmonotonen Logik eine nichtkonsistente Menge bilden. Ein Beispiel mag das verdeutlichen:
Regeln: Quäker sind Pazifisten.
     Republikaner sind keine Pazifisten.
Nun ist Richard Nixon Quäker und Republikaner.

In der Anwendung beider Regeln auf C (Richard Nixon) zeigt sich, daß die oben erwähnte Regel der Default-Logik nicht sinnvoll angewendet werden kann. Das hat zur Konsequenz, daß man mit empirischen Methoden eine weitere Regel auffinden muß, um einen als sinnvoll vermuteten Satz über den möglichen Pazifismus Nixons bilden zu können.

Wir wollen uns dieser Probleme so entledigen, daß wir prinzipiell nur solche Regelaussagen zulassen, die wahrscheinlichkeitstheoretisch abzuhandeln sind. Zugegeben werden soll, daß so einige an sich sinnvolle Sätze aus unseren Untersuchungen eliminiert werden – doch sie können zumeist ohne besondere Schwierigkeit und ohne Bedeutungswandel in Sätze konvertiert werden, die als Regeln wahrscheinlichkeitstheoretisch abgehandelt werden können. Das geschieht am günstigsten so, daß man zwischen Subjekt und logischem Objekt des Regelsatzes eine positive oder negative signifikante Korrelation annimmt.

3. Eine Einführung in die Lehre von den Gegensätzen

Mit der Logik der Alten wollen wir vier Gegensatzpaare unterscheiden:

a. Ein *kontradiktorischer Gegensatz* besteht zwischen einem Sachverhalt und seiner vollständigen Verneinung (Beispiele: Mensch−Nicht-Mensch; Schienenfahrzeug−Nicht-Schienenfahrzeug). Ein kontradiktorisches Gegensatzpaar läßt kein drittes zu. Entweder ist ein Sachverhalt das eine oder das andere.

b. Ein *konträrer Gegensatz* besteht zwischen zwei Sachverhalten, wenn sie innerhalb desselben Sachverhaltbereichs zwei positive Sachverhalte bezeichnen. So gehören die Sachverhalte »Weiß« und »Schwarz« demselben Bereich an. »Schwarz« ist jedoch nicht die bloße Verneinung von »Weiß«, da zum »Nicht-Weiß« auch etwa »Rot« oder »Grün« gehören, sondern impliziert eine positive Eigenschaft, die »Weiß« nicht zukommt. Zwischen konträr entgegengesetzten Sachverhalten sind Übergänge prinzipiell möglich. So kann man »Grau« als einen Übergang von »Weiß« nach »Schwarz« betrachten.

c. Ein *privativer Gegensatz* besteht zwischen Sachverhalten, von denen der eine eine Eigenschaft besitzt, die dem anderen fehlt. Er besteht zwischen »Sehend« und »Blind«, zwischen »Stark« und »Schwach« und so weiter.

d. Ein *relativer Gegensatz* besteht zwischen Sachverhalten, die, obwohl sie nicht identisch sind, doch nicht ohne den jeweils anderen bestehen können. Relativ ist der Gegensatz zwischen Vater und Sohn, Mann und Frau sowie Subjekt und Objekt. Ein relatives Gegensatzpaar, das so geartet ist, daß eine Veränderung des einen Sachverhalts die des anderen (über Wirk- oder Informationsursache) zur Folge hat, nennt man *dialektisch*. Dialektisch sind einander entgegengesetzt: Erkenntnissubjekt—Erkenntnisobjekt, System—Umwelt, Führender—Geführter.

4. Eine Einführung in die Argumentationslogik

Wir üben einige Grundregeln der Argumentationslogik ein. Den einzelnen Abschnitten sind Übungen beigegeben. Bitte versuchen Sie, diese Übungen selbständig zu lösen. Sie können Ihre Lösungen mit den im Anschluß an das Kapitel vorgestellten Musterlösungen auf ihre Stimmigkeit hin vergleichen.

Wir stellen die antike Argumentationslogik in zwei Schritten vor:
(1) Bei zwei gegebenen Prämissen wird der Schlußsatz gesucht, und
(2) bei einer gegebenen Prämisse und dem Schlußsatz wird die fehlende Prämisse gesucht.

In beiden Fällen gilt folgende Matrix, die das Herzstück der Argumentationslogik bildet:

$$
\begin{array}{ll}
(1)\ \text{M} \times \text{P} \quad a\ a\ a\ e\ e & (2)\ \text{P} \times \text{M} \quad a\ a\ a\ e\ e\ e \\
\quad\ \ \text{S} \times \text{M} \quad a\ i\ a\ a\ i\ a & \quad\ \ \text{S} \times \text{M} \quad e\ o\ e\ a\ i\ a \\
\hline
\quad\ \ \text{S} \times \text{P} \quad a\ i\ i\ e\ o\ o & \quad\ \ \text{S} \times \text{P} \quad e\ o\ o\ e\ o\ o \\
\end{array}
$$

$$
\begin{array}{ll}
(3)\ \text{M} \times \text{P} \quad a\ a\ i\ e\ e\ o & (4)\ \text{P} \times \text{M} \quad a\ a\ a\ i\ e\ e \\
\quad\ \ \text{M} \times \text{S} \quad a\ i\ a\ a\ i\ a & \quad\ \ \text{M} \times \text{S} \quad a\ e\ e\ a\ a\ i \\
\hline
\quad\ \ \text{S} \times \text{P} \quad i\ i\ i\ o\ o\ o & \quad\ \ \text{S} \times \text{P} \quad i\ o\ e\ i\ o\ o \\
\end{array}
$$

Es sollen nun die Variablen der Matrix erklärt werden:

»a« bezeichnet einen All-Satz. (Genauer: »a« steht für ein Element aus der Menge aller Sätze, deren Subjekt eine All-Menge bezeichnet.) Beispiele: Alle Bäume sind Pflanzen. Bäume sind Pflanzen. Der Baum ist eine Pflanze. Alles, was Scheinwelten vorgaukelt, manipuliert.

»e« bezeichnet einen Kein-Satz. (Genauer: »e« steht für ein Element aus der Menge aller Sätze, deren Subjekt eine leere Menge bezeichnet.) Beispiele: Kein Insekt ist ein Wirbeltier. (Alle) Insekten sind keine Wirbeltiere. Nichts, was eine Scheinwelt vorgaukelt, ist unbedenklich. (Die Menge der Sachverhalte, die eine Scheinwelt vorgaukeln und unbedenklich sind, ist leer.)

»i« bezeichnet einen bejahenden Manche-Satz oder einen bejahenden Satz, dessen Subjekt ein Eigenname ist. (Genauer: »i« steht für ein Element aus der Menge aller affirmativen Sätze, deren Subjekt weder eine leere noch eine All-Menge bezeichnet.) Beispiele: Einige Insekten stechen. Viele Manager sind fleißig. Sokrates war Athener.

Strenggenommen müssen wir zwischen zwei verschiedenen Typen von i-Sätzen unterscheiden. Es gibt solche, die eine a-Menge ausdrücklich ausschließen, und solche, die dieses nicht tun. Wir wollen uns aber hier auf diese Differenz nicht einlassen.

»o« bezeichnet einen verneinten Manche-Satz oder einen verneinten Satz mit einem Eigennamen als Subjekt. (Genauer: »o« steht für ein Element aus der Menge aller negierenden Sätze, deren Subjekt weder eine leere noch eine All-Menge bezeichnet.) Beispiele: Einige Vögel können nicht fliegen. Einige Arbeiter sind nicht fleißig. Sokrates war kein Römer.

Auch hier sind wieder zwei Satzklassen zu unterscheiden: solche, die einen e-Satz ausschließen, und solche, die das nicht tun. Auch auf die Ausführung dieser Differenz wollen wir hier verzichten.

»S« bedeutet das Subjekt des Schlußsatzes des Schlusses.
»P« bedeutet das Prädikat des Schlußsatzes des Schlusses.
»M« bedeutet den Begriff eines Schlusses, der die beiden Prämissen miteinander verbindet und im Schlußsatz selbst nicht mehr auftaucht.

Schlüsse, die oben vorgestellter Matrix gehorchen, nennt man Syllogismen, solche, die ihr nicht gehorchen, Paralogismen (Fehlschlüsse).

In dem Syllogismus »Alle Menschen sind sterblich;
                    Sokrates ist ein Mensch;
                    also: Sokrates ist sterblich«
ist »Sokrates« das S, »sterblich« das P und »Mensch« das M.

Ein Blick auf die Matrix zeigt Ihnen, daß die vier Blöcke (man spricht hier von »Figuren«) sich durch die Stellung der M in den Prämissen (Fakten- und Prinzipiensatz) unterscheiden:

In der ersten Figur stehen die M von links nach rechts über Kreuz.

In der zweiten Figur stehen beide M hinten.

In der dritten Figur stehen beide M vorne.

In der vierten Figur stehen die M von rechts nach links über Kreuz.

Es gibt nun einige Regeln, die es erlauben, Syllogismen von Paralogismen zu unterscheiden: Ein Paralogismus liegt immer dann vor, wenn

O beide Prämissen negativ (e- oder o-Sätze) sind,
O beide Prämissen partikulär (i- oder o-Sätze) sind,
O beide Medien partikulär sind (dabei ist zu beachten, daß das Prädikat in einem a- oder i-Satz stets partukulär ist),
O der Faktensatz in der 1. Figur verneinend (ein e- oder o-Satz) ist,
O der Schlußsatz in der 2. Figur bejahend (ein a- oder i-Satz) ist,
O der Schlußsatz in der 3. Figur allgemein (ein a- oder e-Satz) ist,
O der Faktensatz in der 3. Figur verneinend (ein e- oder o-Satz) ist,
O kein eigentlicher Mittelbegriff vorliegt (etwa nur analoge Begriffe wie »gesund« – als Bezeichnung eines menschlichen Zustandes und als Bezeichnung der Qualität eines Nahrungsmittels),
O die Prämissen aus zwei verschiedenen Sprachmustern stammen (eine etwa eine Aussage, die andere eine Anweisung vorstellt).

Besondere Vorsicht ist bei den Schlüssen der vierten Figur angebracht, da sie in den europäischen Sprachen eigentümlich wirken (sie gehören in diesen Sprachen nicht zum Betriebsprogramm).

Beispiele für den Fall,
daß der Schlußsatz gesucht werden soll

1. Beipiel: Alle Menschen sind sterblich. Sokrates ist ein Mensch. 1. Figur ai folgt i. Also: Sokrates ist sterblich.	*2. Beipiel:* Alle Menschen sind sterblich. Kein Mensch ist böse. 3. Figur ae folgt nach Umkehrung: o. Also: Einige Sterbliche sind nicht böse.
3. Beispiel: Kein Mensch ist böse. Einige Böse sind unfreundlich. 4. Figur ei folgt o. Also: Einige Unfreundliche sind keine Menschen.	*4. Beipiel:* Alle Manager sind fleißig. Einige Fleißige sind unterbezahlt. 4. Figur ai folgt nichts; nach Umkehr 1. Figur ia folgt nichts. Also: - - - (Es folgt nichts aus den gegebenen Prämissen.) Sollte jemand etwa folgern: „Also sind manche Manager unterbezahlt", handelte es sich um einen Fehlschluß (einen *Paralogismus*).

5. Übungen

I.

Die Musterlösungen zu den Übungsaufgaben sind am Ende des Anhangs angeführt.

1. Alle Dialektiker achten die Logik. Herr X achtet die Logik nicht.	2. Wer die Logik mißachtet, ist dumm. Einige Dumme sind fleißig. ....
3. Manche Manager sind nicht gütig. Alle Manager sind selbstbewußt.	4. Alle Dialektiker wollen helfen. Kein Egoist will helfen. ....
5. Der Strauß ist ein Vogel. Der Strauß ist ungebunden.	6. Logik ist überflüssig. Nichts Überflüssiges soll man tun. ....
7. Alle Manager sind gutmütig. Kein Affe ist Manager.	8. Kein Kapitalist ist Arbeiter. Viele Manager sind Arbeiter. ....

Ehe Sie fortfahren, konstruieren Sie bitte selbständig einige Syllogismen und Paralogismen.

Wir beginnen jetzt mit der Ausführung zu dem für die angewandte Argumentationslogik erheblicheren Fall, daß eine *fehlende*

Prämisse konstruiert werden muß. In einem ersten Schritt ist zu prüfen, ob in der gegebenen Prämisse (neben dem Mittelbegriff, dem Medium, der in jeder Prämisse notwendig auftauchen muß) das S (Subjekt des Schlußsatzes) oder das P (Prädikat des Schlußsatzes) vorkommt. Taucht das S auf, ist die gegebene Prämisse der Faktensatz (und der Prinzipiensatz ist zu ergänzen). Taucht aber das P in der Prämisse auf, handelt es sich bei dieser um den Prinzipiensatz. Es ist also der Faktensatz zu konstruieren.

1. Fall

In den gegebenen Prämissen ist S (Subjekt) gegeben. Es handelt sich also um den Faktensatz (die zweite Prämisse). Zu konstruieren ist der Prinzipiensatz (die erste Prämisse). Das S kann mit dem M auf eine doppelte Weise verbunden sein: Entweder steht es vorne (SxM), oder es steht hinten (MxS). Beginnen wir mit der ersten Form:

a. In der Form (SxM) gilt folgende Matrix:

		a	a	a	a	i	i	o	e	e
		a	i	o	e	i	o	o	o	e
(I)	MxP	a	a	e	e	a	e			
(II)	PxM		e	e		e	a	e	a	

b. In der Form (MxS) gilt folgende Matrix:

		a	a	i	i	e	e
		i	o	i	o	o	e
(III)	MxP	ai	eo	a	e		
(IV)	PxM	ai	e		o	a	a

Nun nehmen wir an, in der gegebenen Prämisse ist P (Prädikat) gegeben. Sie ist dann der Prinzipiensatz. Zu konstruieren ist der Faktensatz. Auch hier kann das P wieder vor oder hinter dem M stehen.

a. In der Form (PxM) gilt folgende Matrix:

```
           a    a    a    i    e    e
           i    o    e    i    o    e
         ─────────────────────────────
(IV) MxS   i    e    e    a    ai
(II) SxM   eo   e         ai   a
```

b. In der Form (MxP) gilt folgende Matrix:

```
            a    a    i    o    e    e
            a    i    i    o    o    e
          ─────────────────────────────
(III) MxS   ai   a    a    ai
(I)  SxM  a  ai            ai   a
```

Zu Anfang empfiehlt es sich, die Ergänzung der fehlenden Prämisse über die erste Figur zu bevorzugen. Für sie gilt folgende Matrix:

```
SxM   a   a   a   a   i   i          MxP   a   a   e   e
SxP   a   i   o   e   i   o          SxP   a   i   o   e
    ─────────────────────────            ─────────────────
      a   a   e   e   a   e                a   ai  ai  a
```

Bitte merken Sie sich:
Ist die gegebene Prämisse negativ, dann muß auch der Schlußsatz negativ sein. Ist die gegebene Prämisse partikulär, dann muß es auch der Schlußsatz sein. Ist wenigstens eine der Bedingungen nicht erfüllt, ist keine Prämisse zu ergänzen (eine dennoch ergänzte Prämisse würde stets zu einem Fehlschluß führen).

Beispiele für den Fall, daß eine Prämisse gesucht werden soll

In diesen Beispielen soll die Verwendung der vorgestellten Matrizen eingeübt werden. Wir werden jedoch nicht ausdrücklich auf die Matrizen zurückgreifen, sondern auf einfachere Überlegungen in Verbindung mit unserer Ursprungsmatrix.

1. Beispiel
Sokrates ist ein Mensch (Faktensatz, da S in Prämisse gegeben).
Sokrates ist sterblich (Schlußsatz).
S=Sokrates; P=sterblich; M=Mensch.
 Formal also:
 SiM (Faktensatz),
 SiP (Schlußsatz).
 Der gesuchte Prinzipiensatz muß ein a-Satz sein, anders wären
beide Sätze partikulär. Er lautet also: PaM oder MaP.
 PaM MaP
 SiM SiM
 SiP SiP
 In der ersten Spalte ergibt sich ein Schluß der 2. Figur mit
        aii = unerlaubt.
 In der zweiten Spalte ergibt sich ein Schluß der 1. Figur mit
        aii = erlaubt.
MaP ist also die Lösung.
 Setzen wir nun ein: S = Mensch, P = sterblich:
 Da es sich um einen a-Satz handelt, konstruieren wir: »Alle
Menschen sind sterblich.«

2. Beispiel
Einige Menschen sind fröhlich (Prinzipiensatz).
Manche Arme sind nicht fröhlich (Schlußsatz).
 S=arm; P=fröhlich; M=Mensch. Weil P in der Prämisse auf-
taucht, handelt es sich bei dieser um den Prinzipiensatz.
 MiP (Prinzipiensatz),
 SoP (Schlußsatz).
 Der gesuchte Faktensatz kann nur ein e-Satz sein, denn erstens
muß er negativ sein wegen des negativen Schlußsatzes (bei zwei
bejahenden Prämissen ist der Schlußsatz ebenfalls bejahend), und
zweitens muß er allgemein (universell) sein, weil sonst beide Prämissen partikulär wären. Wir erhalten also:

MiP	MiP	In 1. Spalte: 3. Figur ieo − unerlaubt.
MeS	SeM	In 2. Spalte: 1. Figur ieo − unerlaubt.
MoP	MoP	Es folgt also nichts.

3. Beispiel
Alle Gewinnstrebenden sind arm (Faktensatz, da S (= arm) in Prämisse gegeben).
Einige Arme sind Menschen (Schlußsatz).
S=arm; P=Mensch; M=gewinnstrebend.
Formal also:
MaP (Faktensatz),
SiP (Schlußsatz).
Der Prinzipiensatz muß ein a-Satz oder ein i-Satz sein. Wäre er negativ, dann auch der Schlußsatz. Er lautet formal also PaiM oder MaiP. Wir erhalten somit:

PaiM	MaiP	In der 1. Spalte erhalten wir die 4. Figur mit
MaS	MaS	aai. Also einen Syllogismus.
SiP	SiP	In der 2. Spalte erhalten wir die 3. Figur mit aai. Da auch diese Vokalfolge erlaubt ist, erhalten wir mehrere logisch richtige Prinzipiensätze:

PaM und MaP sind also beide zulässige Lösungen. Wir verbalisieren und erhalten
   (a) »Alle Gewinnstrebenden sind Menschen«,
   (b) »Alle Menschen sind gewinnstrebend«
als mögliche Prinzipiensätze. Welcher von beiden zu wählen ist, kann nur außerlogisch entschieden werden. Hier liegt es nahe, sich für (a) zu entscheiden.

4. Beispiel
Viele Menschen sind nicht zufrieden (Prinzipiensatz).
Manche Reiche sind nicht zufrieden (Schlußsatz).
Der erste Satz ist ein Prinzipiensatz, weil in ihm P vorkommt. Zu konstruieren ist also der Faktensatz. S=reich; P=zufrieden; M=Mensch.
   MoP (Prinzipiensatz),
   SoP (Schlußsatz).
Der gesuchte Satz kann nur ein a-Satz sein, weil anderenfalls beide Prämissen negativ oder partikulär wären. Er hat also die Form MaS oder SaM.

MoP	MoP	In erster Spalte stellt sich vor ein Schluß der
MaS	SaM	3. Figur mit der erlaubten Vokalfolge »oao«. In
SoP	SoP	der zweiten Spalte sehen wir einen Paralogismus

der 1. Figur (da in dieser die Folge »oao« unerlaubt ist). Richtig ist also nur MaS: Alle Menschen sind reich.

Auch hier seien zunächst wieder einige Übungsaufgaben gestellt (mit Musterlösungen am Kapitelende):

II.

1. Einige Sozialisten sind Utopisten.
   Also: Einige realitätsferne Menschen sind Utopisten.

. . . .

2. Alle Arbeitslosen sind hart betroffen.
   Also: Einige hart Betroffene sind keine Kapitalisten.

. . . .

3. Einige Einzeller sind nicht sterblich.
   Also: Einige Einzeller sind keine Tiere.

. . . .

4. Einige Einzeller sind keine Pflanzen.
   Also: Einige Pflanzen sind nicht winzig.

. . . .

5. Kein Andalusier ist ein Moslem.
   Einige Menschen sind keine Moslems.

. . . .

Im zweiten Teil unserer Abhandlung zur Argumentationslogik kommen wir unserem Ziel näher.

Eine wichtige Funktion der Argumentationslogik ist, wie gesagt, die Herstellung von Konsens oder das Lösen von Problemen durch die Technik des »Unterscheidens«. Mit dieser Technik wollen wir uns hier befassen. Sie besteht darin, daß man einen oder mehrere der in den Prämissen gegebenen Begriffe (Subjekt, Prädikat, Medium), wenn eben möglich, so durch Adjektive, Relativsätze oder Bedingungen ergänzt, daß sie zustimmungsfähig werden. Dabei empfiehlt es sich, zwei einander ausschließende Ergänzungen vorzunehmen. Die Zustimmung sollte möglichst beide betreffen.

Das Gemeinte soll an zwei Beispielen erläutert werden. Wenigstens eine Prämisse sei in der zunächst vorgestellten Form nicht konsenfähig. Es gilt also, wenigstens einen Terminus so zu ergänzen, daß sie konsensfähig ist. Die Ergänzung kann – wie gesagt – durch Adjektive, Bedingungen oder durch Relativsätze erfolgen.

1. Beispiel
Überbewertete Währungen werden langfristig abgewertet.
Der US-Dollar ist zur Zeit überbewertet.
Also wird der US-Dollar langfristig abgewertet.

Nach einiger Diskussion stellt sich heraus, daß der Schluß konsensfähig ist, wenn P (»langfristig abgewertet werden«) wie folgt (um eine Bedingung) ergänzt wird: werden langfristig abgewertet
– bei schwindender Nachfrage – JA.
– bei steigender Nachfrage – NEIN.

Konsensfähig ist damit, vorausgesetzt, der Faktensatz wird akzeptiert, der Schlußsatz: »Also wird der US-Dollar bei schwindender Nachfrage langfristig abgewertet.«

2. Beispiel
Bei Nachfrageüberhang steigen die Preise.
Es besteht in der Bauwirtschaft ein Nachfrageüberhang.
Also steigen in der Bauwirtschaft die Preise.
Das M wird konsensfähig durch folgende Ergänzung: ». . . bei *als dauerhaft erwartetem* Nachfrageüberhang . . .«

Das S wird konsensfähig mit folgender Ergänzung: »In der Bauwirtschaft, *insofern sie von privaten Haushalten getragen wird* . . .«

III.

Bitte unterscheiden Sie sinnvoll den *kursiv gesetzten* Begriff in folgenden Syllogismen, so daß ein sinnvolles (möglichst konsensfähiges) Syllogismuspaar durch die Ergänzung des unterstrichenen Begriffs entsteht:

1. Alle Menschen sind *sterblich*. Sokrates ist ein Mensch. Also ist Sokrates *sterblich*.

. . . .

2. Alle *Manager* sind fleißig. Alle Fleißigen sind unterbezahlt. Also sind alle *Manager* unterbezahlt.

. . . .

3. Alle *Politiker* sind friedliebend. Manche *Politiker* sind geldgierig. Also sind einige Friedliebende geldgierig.

. . . .

3a. Alle Politiker sind friedliebend. Manche Politiker sind *geldgierig*. Also sind einige Friedliebende *geldgierig*.

. . . .

3b. Alle Politiker sind *friedliebend*. Manche Politiker sind geldgierig. Also sind einige *Friedliebende* geldgierig.

. . . .

Bitte unterscheiden Sie bei folgendem Syllogismus S, P und M:

4. Alle Politiker sind machthungrig. Einige Deutsche sind nicht machthungrig.
Also sind viele Deutsche keine Politiker.

S: . . . .

P: . . . .

M: . . . .

In den folgenden Aufgaben soll die Technik der Ergänzung unvollständiger Argumente mit der Kunst der Unterscheidung verbunden werden.

Ergänzen Sie bitte den fehlenden Prinzipiensatz nach der ersten Figur, und führen Sie dann eine geeignete Unterscheidung ein. Geben Sie bitte an, welchen Begriff (S, P oder M) Sie unterschieden haben:

5.

. . . .

Die Bundesrepublik ist ein friedliebender Staat.
Also rüstet die Bundesrepublik auf.

. . . .

Unterschieden wurde S – P – M (Zutreffendes bitte markieren).

6.

. . . .

Alle Unternehmer sind gerecht.
Also zahlen alle Unternehmer einen gerechten Lohn.

. . . .

Unterschieden wurde S – P – M (Zutreffendes bitte markieren).

7.

. . . .

Einige Mutige verweigern den Wehrdienst.
Einige Mutige sind friedliebend.

. . . .

Unterschieden wurde S – P – M (Zutreffendes bitte markieren).

8.

. . . .

Manche Christen sind Rüstungsgegner.
Also akzeptieren manche Christen nicht die CDU-Politik.

. . . .

Unterschieden wurde S – P – M (Zutreffendes bitte markieren).

Diese Übung können Sie nicht oft genug wiederholen. Sie sollten nach einigem Training in der Lage sein,

○ unbegründete Behauptungen von unvollständigen Argumenten zu unterscheiden,

○ unbegründete Behauptungen durch »Erfinden« *zweier* plausibler Prämissen zu begründen oder ihre Begründung als kaum zu leisten erkennen,

○ unvollständig begründete Behauptungen in eine logisch vollständige Form zu bringen und sie auf ihre logische Stimmigkeit und inhaltliche Wertigkeit zu überprüfen.

Am einfachsten wählen Sie einen Kurzkommentar aus einer renommierten Zeitung (Frankfurter Allgemeine Zeitung, Neue Zürcher Zeitung, Le Monde, The Washington Post) und checken ihn auf die angegebene Weise. Sie werden lernen, die Brauchbarkeit und Stimmigkeit von Argumenten schnell zu erkennen und sinnvoll damit umzugehen.

Wenn Sie Ihre dialektischen Fähigkeiten auch in dieser Richtung schulen wollen, können Sie wie folgt einen Kurzkommentar analysieren:

1. Notieren Sie etwa fünf aufgestellte Behauptungen.

2. Stellen Sie fest, ob sie begründet werden.

3. Werden sie nicht begründet, versuchen Sie bitte, eine Begründung in syllogistischer Form nachzureichen, so daß Sie Ihnen zustimmungsfähig zu sein scheint.

4. Ist sie unvollständig begründet, verwenden Sie den Begründungsgedanken als Faktensatz, konstruieren Sie dann einen Syllogismus, und versuchen Sie, ihn über Unterscheidungen konsensfähig zu machen. Auch hierzu wieder ein Beispiel.

IV.

Die These »Der Staat ist ein hohes, zu schützendes Rechtsgut« werde so begründet: »Er schützt Frieden und Freiheit.«
Dann lautet der Syllogismus:

Alles, was Freiheit sichert, ist ein hohes zu schützendes Rechtsgut.

Der Staat sichert Frieden und Freiheit.

Also: Der Staat ist ein hohes zu schützendes Rechsgut.

In aller Regel empfiehlt es sich, Syllogismen der 1. Figur zu konstruieren und den Prinzipiensatz mit »Alles, was . . .« oder »Jeder, der . . .« beginnen zu lassen. Die Analyse hat dann folgende generelle Strukturelemente:

Behauptung:. . . . .

Beweisgedanke (wenn vorhanden): . . . .

Syllogismus: . . . .

. . . .

. . . .

. . . .

. . . .

Um ihn konsensfähig zu machen, unterscheide ich S, P, M (Zutreffendes markieren) wie folgt:

. . . .

. . . .

Damit verfügen wir über das notwendige Rüstzeug, einen weiteren Schritt in der Technik des Diskurses zu gehen.

6. Musterlösungen zu den Übungsaufgaben

I.

1. II aoo − Herr X ist kein Dialektiker.
2. IV ai − I ia (Auch nach Umkehr der beiden Prämissen folgt nichts.)
3. III oao − Einige Selbstbewußte sind nicht gütig.
4. II aee − Kein Egoist ist Dialektiker.

5. III aii – Ein Ungebundener ist ein Vogel. Oder: Es gibt keinen Mittelbegriff. Also folgt nichts.
6. Es folgt nichts, da die beiden Sätze aus zwei Sprachspielen kommen. Es ist nicht erlaubt, einen Aussage- und einen Aufforderungssatz syllogistisch miteinander zu verbinden.
7. IV eao – Einige Gutmütige sind keine Affen (nach Umkehr beider Prämissen).
8. II eio – Einige Manager sind keine Kapitalisten.

II:

1. III iai – Alle Sozialisten sind realitätsferne Menschen.
2. III eao + IV eao – Kein Arbeitsloser ist Kapitalist. Kein Kapitalist ist arbeitslos.
3. II oao – Alle Tiere sind sterblich.
4. Da weder III aoo noch IV aoo erlaubt sind, folgt nichts.
5. wie 2. Alle Andalusier sind Menschen. Alle Menschen sind Andalusier.

III:

Hier können nur Vorschläge gemacht werden.

1.	Sterblich – dem Körper nach	– ja,
	– der Seele nach	– nein.
2.	Gute Manager	– ja,
	schlechte Manager	– nein.
3.	Wirklich christlichen Politiker	– ja,
	faschistischen Politiker	– nein.
3a.	Geldgierig nach hohen Diäten	– ja,
	geldgierig nach Bestechungsgeldern	– nein.
3b.	Friedliebend in der internationalen Politik	– ja,
	friedliebend in der Parteipolitik	– nein.
4.	S: Deutsche, die Kaninchen züchten	– ja,
	Deutsche, die Golf spielen	– nein.
	P: Politiker, die ehrgeizig sind	– ja,
	Politiker, die bescheiden sind	– nein.
	M: Parteiintern machthungrig	– ja,

machthungrig, wenn Macht verantwortet werden muß   — nein.

5. Alle friedliebenden Staaten rüsten auf.

S: im Faktensatz: Bundesrepublik als Republik
ihrer Bürger — ja,
Bundesrepublik als NATO-
Mitglied — nein.

P: im Prinzipiensatz: rüsten moralisch auf — ja,
rüsten militärisch auf — nein.

M: friedliebend nach außen — ja,
nach innen — nein.

Die modifizierten Schlußsätze lauten also:

Die Bundesrepublik der Bürger rüstet moralisch auf.

Die Bundesrepublik als NATO-Mitglied rüstet nicht militärisch auf.

6. Alle Gerechten zahlen einen gerechten Lohn.

S: alle gewissenhaften Unternehmer — ja,
alle gewissenlosen Unternehmer — nein.

P: einen leistungs- und vertragsgerechten Lohn — ja,
einen bloß vertragsgerechten Lohn — nein.

M: tatsächlich Gerechten — ja,
eingebildeten Gerechten — nein.

Ein möglicher modifizierter Schlußsatz würde also lauten: »Alle gewissenhaften Unternehmer zahlen einen leistungs- und vertragsgerechten Lohn.«

7. Alle, die den Wehrdienst verweigern, sind friedliebend.

S: Mutige, weil sie ihrem Gewissen folgen — ja,
Mutige, weil sie ihrem Über-Ich folgen — nein.

P: militärisch friedliebend — ja,
politisch friedliebend — nein.

M: aus Gewissensgründen verweigern — ja,
aus Karrieregründen verweigern — nein.

Ein möglicher modifizierter Schlußsatz würde also lauten: »Einige, die mutig sind, weil sie ihrem Gewissen folgen, sind militärisch friedliebend.«

8. Kein Rüstungsgegner akzeptiert die CDU-Politik.

S: nach Faktensatz: Christen, die der Bergpredigt folgen — ja,
Christen, die weltangepaßt
sind — nein.

Im Schlußsatz: Christen, die der Bergpredigt
folgen — nein,
Christen, die weltangepaßt
sind. — ja.

P: im Prinzipiensatz: akzeptiert unkritisch die
CDU-Politik — ja,
akzeptiert kritisch die
CDU-Politik — nein.

M: im Faktensatz: Rüstungsgegner in bezug auf
Angriffswaffen — nein,
in bezug auf Verteidigungs-
waffen — ja.

Im Prinzipiensatz: in bezug auf Verteidigungs-
waffen — nein,
in bezug auf Angriffswaffen — ja.

Ein möglicher Schlußsatz würde also lauten:
»Manche Christen, die der Bergpredigt folgen,
akzeptieren nicht unkritisch die CDU-Politik.«

IV:

Behauptung: Der Staat ist ein notwendiges Übel.
Beweisgedanke: Er beschränkt Freiheit.
Syllogismus: Alles, was Freiheit einschränkt, ist ein notwendi-
ges Übel.
Der Staat schränkt Freiheit ein.
Der Staat ist ein notwendiges Übel.
Um zunächst den Prinzipiensatz konsensfähig zu machen,
unterscheide ich:
M: personale und systemische Freiheit,
P: notwendig, wenn nur so das Gemeinwohl optimiert wer-
den kann.

Dann suche ich den Faktensatz konsensfähig zu machen, unterscheide ich S:
Der Staat, insofern demokratischer Rechtsstaat.
Daraus ergibt sich als Schluß: »Der Staat, insofern demokratischer Rechtsstaat, ist ein notwendiges Übel, da nur durch ihn das Gemeinwohl optimiert werden kann.«

Literaturverzeichnis

Diesem Buch kann kein Literaturverzeichnis im üblichen Sinne beigegeben werden, da es Methoden antiker und mittelalterlicher Dialektik vorstellt, die mit der Renaissance verlorengingen. Bis ins 17. Jahrhundert gehörte Dialektik zu den »Sieben freien Künsten«, die jeder beherrschen mußte, der ein Studium beginnen wollte.

Bauer, Winfried M., *Die hilflosen Manager,* Frankfurt 1985

Beer, Staffort, *The Heart of Enterprise,* Chichester 1979

Fiedler, F. E., *The Psychological Distance Dimension in Interpersonal Relations,* in: J. Pers. 22 (1953) 142–150

Ders., *Das Kontingenzmodell,* in: M. Kunzcik (Hrsg.), Führungstheorie und Ergebnis, Düsseldorf 1972 (Kritik u. a.: W. Bungard, Sinn und Unsinn der LPC-Scala, in: Gruppendynamik 15 [1984], 59–74)

Ders., *A Theory of Leadership Effectiveness,* New York 1967

Ders., *Der Weg zum Führungserfolg,* Stuttgart 1979

Heider, Fritz, *Psychologie der interpersonalen Beziehungen,* Stuttgart 1977

Lay, Rupert, *Dialektik für Manager,* Frankfurt 1988

Ders.:   *Führen durch das Wort,* Frankfurt 1987

Ders.:   *Meditationstechniken für Manager,* Frankfurt 1989

Ders.:   *Manipulation durch die Sprache,* Reinbek bei Hamburg 1980

Ders.:   *Krisen und Konflikte,* München 1980

Ders.:   *Das Bild des Menschen,* München 1984

Ders.:   *Philosophie für Manager,* Düsseldorf 1988

Ders.:   *Ethik für Manager,* Düsseldorf 1989

Maslow, A. H. *Motivation und Persönlichkeit,* Olten 1977

Personen- und Sachregister

Lee Iacocca
und Sonny Kleinfield

Mein amerikanischer Traum

384 Seiten plus 16 Seiten Abbildungen, gebunden, Schutzumschlag

»Inzwischen gibt es über Management etwa so viele Bücher wie
übers Abspecken.«
Mit solch kontroversen Aussagen ist Lee Iacoccas zweites Buch
randvoll gespickt. Was im ersten autobiographisch war, wird jetzt
allgemeingültig.
Lee Iacocca äußert sich mit dem Abstand eines Elder Statesman
und zugleich mit dem Engagement eines erfolgreichen Konzern-
bosses zu Themen unserer Zeit: Publicity, Japan, Nation, Staats-
defizit, Wall Street, Business. Es ist die Abrechnung mit den faulen
Stellen in Gesellschaft, Politik und Geschäftswechsel; ein Bekennt-
nis zur Gradlinigkeit.
Keine Frage, auch das zweite Buch von Lee Iacocca wird ein Welter-
folg werden. Ein Ratgeber für Politiker oder solche, die es werden
wollen, ein Nachschlagewerk für Manager und Studenten der Nationalökonomie. Eine blendend ins Deutsche übersetzte Gedan-
kensammlung eines überaus erfolgreichen Wirtschaftskapitäns der
USA.   *Kölnische Rundschau*

Es ist alles gesagt!   *Frankfurter Allgemeine*

Lee Iacoccas Weltbestseller »Eine amerikanische Karriere« ist
ebenfalls im ECON Verlag erschienen.
416 Seiten plus 8 Seiten Abbildungen, gebunden, Schutzumschlag.

ECON Verlag
Postfach 30 03 21 · 4000 Düsseldorf 30

Edward de Bono

Chancen

Das Trainingsmodell für erfolgreiche Ideensuche
Deutsch von S. Kuhn-Werner und W. Müller,
336 Seiten mit Zeichnungen, gebunden, Schutzumschlag

Mindestens seit der Erfindung des Rads kennt die Menschheit das
Phänomen eines »simplen« Einfalls mit ungeahnten Folgen. Die
Fähigkeit, Chancen zu wittern, klar zu durchdenken und resolut zu
ergreifen, setzt provokatives Denken voraus – Denken »gegen den
Strich«. Und das ist erlernbar. Edward de Bono zeigt konkret, wie
man sein Denken für die Warnehmung günstiger Gelegenheit
schärft, einübt und anwendet.
Gerade abwegige, ja unsinnig oder zwecklos wirkende Gedanken-
gänge sind meist der Anstoß zu Neuanfang und Erfolg. Daher muß
man zuallererst die richtigen Voraussetzungen schaffen. Wo der
Boden nicht bereitet ist, wo die Geister an gewohnten Bahnen festhalten, werden Chancen verkannt und versäumt. Anhand frappie-
render Beispiele unterstreicht de Bono die Bedeutung seines
Themas.
De Bono zeigt, wie man die Ideensuche innerhalb einer Firma
praktisch durchführt und in die Corporate Structure integriert. Er
schildert im einzelnen die Methoden zur Suche und Nutzung von
Chancen, gibt mit prägnanten Übungen jedem Leser Anleitung zu
mehr »Findigkeit«. Ein äußerst anregendes Buch von großer
Reichweite.

ECON Verlag
Postfach 30 03 21 · 4000 Düsseldorf 30